Norbert Bensel, Klaus Böger, Wolf-Michael Catenhusen,
Wolfgang Huber, Robert Leicht, Eckart Liebau, Jan-Hendrik Olbertz,
Friedrich Schweitzer, Heinz-Elmar Tenorth

wissen – werten – handeln

Welches Orientierungswissen braucht die Bildung?

Herausgegeben von
Volker Elsenbast, Marcus Götz-Guerlin, Matthias Otte

Wichern-Verlag

Berliner Begegnungen Band 5
Veröffentlichungen der Evangelischen Akademie zu Berlin
Herausgeberin der Reihe
Evangelische Akademie zu Berlin
Charlottenstraße 53/54, 10117 Berlin-Mitte
Telefon +49 (30) 20 35 55 00 Fax +49 (30) 20 35 55 50
E-Mail: eazb@eaberlin.de
Internet: www.eaberlin.de

Satz: NagelSatz, Reutlingen
Druck und Verarbeitung: Digital PS Druck AG, Birkach
ISBN 3-88981-190-6

Inhalt

Vorwort

Bildung gehört zu den großen Themen im deutschen gesellschaftlich-politischen Diskurs. Es lag daher nahe, dass der Protestantismus als die „Bildungsreligion" sich im Kontext der aktuellen Debatten „nach PISA" herausgefordert sah, eigene Positionen und Akzente einzubringen.

Ein solcher Beitrag war der Kongress „wissen – werten – handeln. Welches Orientierungswissen braucht die Bildung?", der am 3. Mai 2004 in Berlin stattfand. Die Evangelische Kirche in Deutschland, die Evangelische Akademie zu Berlin und das Comenius Institut hatten gemeinsam eingeladen, an Fragen und Perspektiven weiter zu denken, welche die EKD-Denkschrift „Maße des Menschlichen" im Jahr 2003 aufgeworfen hatte.

Wissen muss nicht nur erworben, sondern gewertet werden können, um daraus Handlungsperspektiven zu gewinnen. Es muss auch Zwecke und Ziele des Handelns und menschlichen Zusammenlebens reflektieren. Hierzu bedarf es des konstruktiven Umgangs mit pluraler Komplexität und ein Urteilsvermögen, das auf Selbst-Gewissheit beruht. Solches entsteht nicht von selbst, sondern ist Resultat von Bildungsprozessen.

Dies war der Ausgangspunkt der Überlegungen, an die sich weitere Fragekreise anschlossen:
Welches Orientierungswissen haben in einer globalisierten Welt Wirtschaft und Gesellschaft nötig? Welche Qualifikationen und Kompetenzen, welche Lebensorientierungen werden heute gebraucht und wie lassen sie sich vermitteln? Können Vergleichstests und Bildungsstandards Kriterien und Hilfen für eine gelingende Aneignung von Orientierungswissen in Bildungsprozessen liefern? Geben sie Hinweise darauf, wie weit einzelne Bildungsanstrengungen und -institutionen geeignet sind, Orientierungswissen und -kompetenz zu erwerben? Welche Bedeutung wird dem Erwerb solchen Wissens und den zugehörigen Fähigkeiten und Haltungen in der Bildungspolitik zugewiesen? In welcher Weise können und sollen sich hier unterschiedliche gesellschaft-

liche Gruppen einbringen und wie lässt sich das zum Beispiel in der Schule konkretisieren?

Die in diesem Band versammelten Beiträge sind die für die Druckfassung leicht redigierten Beiträge des genannten Kongresses. Den Leserinnen und Lesern wünschen wir, dass sie – auch über diesen Anlass hinaus – Anregungen, Anstöße und ein wenig Orientierung bieten.

Im Sommer 2005

Volker Elsenbast
Marcus Götz-Guerlin
Matthias Otte

Robert Leicht

Begrüßung und Eröffnung

Über die Aktualität des Themas unseres Kongresses bedarf es ja keiner ausführlichen Begründungen. Eher könnte man sich fragen, weshalb – und das ist nun fast sieben Jahre her – der vormalige Bundespräsident Roman Herzog zwar das Thema Bildung zum „Megathema" ausgerufen hat, man aber nicht so recht den Eindruck gewinnen kann, dass der gewünschte „Ruck" nun durch alle Teile unserer Gesellschaft und Politik und Kirchen gegangen wäre. Es ist zwar an dem, dass die Kirchen in der Praxis der Bildungsarbeit eine erhebliche Bedeutung haben, etwas dran: 80 Prozent der 20 Prozent Privatschüler werden in Schulen unterrichtet, die von Kirchen getragen werden. Und was immer der PISA-Schock sagen mag über den ersten Platz, den die Finnen dort in der Lesebefähigung einnehmen – die Finnen werden nur übertroffen durch die Schüler an kirchlichen Privatschulen in Deutschland. Und die Nachfrage nach kirchlichen Privatschulen ist größer als das, was man befriedigen kann. Ich erlaube mir den Hinweis, soweit ich mich da instruiert habe, dass sogar die Nachfrage nach dem Religionsunterricht und die Teilnahme daran größer ist als die Zahl der getauften Schüler. Dies insbesondere in den Ländern unserer Bundesrepublik, ich erspare mir die Nennung von Namen, in denen die Etablierung des Religionsunterrichts nicht eben förderlich betrachtet wird. To whom it may concern.

Aber dieses Selbstlob nun einmal abschließend, darf man schon fragen, ob der Protestantismus als die Bildungsreligion das Milieu darstellt, in dem die Bildungsdebatte derzeit am intensivsten geführt wird. Es gibt immerhin eine Denkschrift der EKD zu dem Thema und dieser Kongress dient sicher auch der Ausbreitung der dort formulierten Gedanken. Aber – und das ist meine private Ansicht: die Religion der Schrift und Bildung könnte meines Erachtens dann vor allem aktiver und wirkungsvoller sein, wenn sie sich in das Bildungsgespräch einmischte. Und wenn sie dabei nicht nur mit Personen darüber spräche, die hauptamtlich Bildung betreiben, sondern auch mit solchen, die in den Teilen der Gesellschaft tätig sind, wo man das Defizit an Bildung am deutlichsten spürt: in der produzierenden und dienstleistenden gewerblichen Industrie. Aber das ist nur die Nebenbemerkung des Enkels eines Bierbrauers.

Lassen Sie mich nun in aller Kürze zwei anekdotische Evidenzen umreißen, in welcher Richtung ich mir ein evangelisches Bildungsgespräch und eine Reflexion evangelischer Art auf Wissenserwerb, Bildung und christlichen Beruf wünschen möchte: Vor einiger Zeit habe ich einen mittelständischen württembergischen Unternehmer besucht, um mich mit ihm auch über Ausbildungsfragen zu unterhalten. Der Mann hatte für einige Millionen Mark einen karussellähnlichen Automaten entwickelt, auf dem ein Systemteil für Automobile hergestellt wurde. Wozu braucht er denn an solch einem Automaten gut ausgebildete Schüler? Schauen Sie, sagte der Mann, dieser Automat stockt mehrmals während einer Schicht. Dann muss der Mann vom Dienst nicht nur die Stockung oder die Panne beheben, sondern in begrifflich klarem Deutsch das Geschehene, nämlich den Fehler wie seine Behebung, im Schichtbericht protokollieren. Und zwar so, dass es der nächste Schichtmitarbeiter verstehen kann. Und der wiederum muss fehlerfrei lesen und das Gelesene auffassen und einordnen können, sonst wird die Produktion verzögert, gar zu Schrott oder gar eben der Automat selber zu Schrott. Und danach zeigte mir der gute Mann etwa dreißig DIN A4 Bögen, auf denen die Bewerber um eine Lehrstelle in diesem Betrieb, die Absolventen unserer Hauptschule, auf einer halben Seite aufschreiben sollten, was sie denn in ihrer Freizeit am liebsten treiben. Ich muss gestehen, dass mich nie vorher und auch nie hinterher ein solcher Einblick in die angeblichen Erfolge unserer „Volksschule“ derart bedrückt und erschüttert hat – wegen der beklemmenden Armut an sprachlichem Ausdrucksvermögen, an Erlebnisvermögen, an Planung, an Zukunftsaussichten schlechterdings. Der Mann übrigens stellt immer zehn Prozent von Lehrlingen ein, die „nicht geeignet“ sind, weil er sagt, auch denen müsse er eine Chance geben. Daran schließen sich für mich einige ganz wichtige Fragen an:

Erstens: Denken wir etwa als privilegierte Bildungsbürger, Bildungshersteller und Akademiker nicht immer noch viel zu sehr von uns her – und demnach an uns, also vorwiegend klassengebunden, und eben nicht an jene, die Bildung und Ausbildung dringendst nötig hätten in unserem Lande?

Und zweitens: Sehen wir deutlich genug, in welchem Maße eine unzureichende Beherrschung der basalen Kulturtechniken Lesen,

Schreiben, Rechnen, also Auffassungsvermögen, Erleben, Planen, Berechnen, Ausdrücken, in welchem Maße eben auch unzureichende, lückenhafte Kenntnis der Realia diesen Menschen wichtige Lebenschancen unwiederbringlich abschnüren? Sowohl im Beruf, also in Broterwerb und damit in innerer Selbstständigkeit als auch und daraufhin folgend in der bürgerlichen und politischen Selbstbestimmung und Verantwortung in der Gesellschaft. Zugespitzt: Muss Bildung also nicht viel näher und früher ganz unten anfangen, also in fast jeder Hinsicht vom Kopf auf die Füße gestellt werden?

Und die zweite kurze anekdotische Evidenz: Der pietistische Pfarrer Friedrich Oberlin in seinem rückständigen und abgeschlossenen elsässischen Dorf Waldersbach bestand Anfang des 19. Jahrhunderts, geradezu für einen Pietisten unnachsichtig, auf ununterbrochenem Kenntniserwerb und auf nahezu pausenloser Wissenserweiterung gegenüber Kindern, Jugendlichen, aber auch erwachsenen Männern und Frauen. Warum tat dieser Pietist sich mit dem Wissen so wichtig? Oberlin war der Ansicht, dass derjenige, der sich nicht um größtmögliche Kenntnis der realen Welt und ihrer Zusammenhänge, ihrer Phänomene und Gesetze bemühe, dass der sich nicht nur an seine gegenwärtige Rückständigkeit und bittere Armut fessele, sondern sich vor allem geradezu schuldhaft außerstande setze, seinen pflichtgemäßen Platz im Heils- und Erlösungsplan Gottes einzunehmen. Denn, so Oberlin, wer nicht weiß, wie diese Welt im Einzelnen beschaffen ist, kann sie auch nicht bessern. An dieser Ansicht finde ich nun beides zusammengenommen sehr eindrucksvoll: die sozusagen theozentrische Perspektive alles unseres praktischen und theoretischen Wissens und der daraus folgende ruhelose Wissensdrang unseres Glaubens und unseres frommen Lebens.

Wieso, nun zugespitzt gefragt, erweisen sich in dieser sozusagen oberlinschen Perspektive nicht viele unserer gebräuchlichen Oppositionen als künstlich, ja geradezu als verkehrt? Also etwa die zwischen Wissen und Bildung oder zwischen Ausbildung und Bildung. Ich habe, sage ich vorsichtig als ein Angehöriger dieser bildungsbürgerlichen Klasse, den Eindruck, dass wir uns in Zeiten, in denen das Wetter nicht danach ist, immer noch wie Diogenes als die großen Verlangsamer und darin reflektiert erweisen wollen.

Wie auch immer, ich bin gespannt, was dieser Kongress in anderer, aber auch in dieser Hinsicht zu Tage fördern kann. Ich fürchte, eine postindustrielle Gesellschaft im heftigen internationalen Wettbewerb, in den Verflechtungen von Volkswirtschaften und Gesellschaften, eine solche Gesellschaft hat wenig Zeit zu verlieren. Ich denke überdies, Friedrich Oberlin würde mir Recht geben: Es ist wahrlich höchste Zeit auch für eine evangelische Bildungsinitiative oder gar -offensive, wenn solche militaristischen und militanten Worte noch erlaubt sind.

Klaus Böger

Bildung ist Orientierung

Es gilt inzwischen als Allgemeinplatz, dass die Welt unübersichtlich und widersprüchlich ist. Erwachsene wie Kinder und Jugendliche müssen sich in Unsicherheiten, immer komplexeren Anforderungen und ihrer eigenen Lebensführung zurechtfinden. Wir alle müssen uns „orientieren". Sprechen wir von Orientierung, so meinen wir in aller Regel nicht mehr den ursprünglichen geografischen Wortsinn: die Hinwendung nach Osten, zum Orient, der Richtung des Sonnenaufgangs („ex oriente lux"). Wir sprechen heute von Orientierung im übertragenen Sinn und dies in so vielen Schattierungen und Bedeutungen, dass es Mühe bereitet, nicht die Orientierung zu verlieren: als lebenspraktische Orientierung, um die Unübersichtlichkeit des Alltags und die persönlichen Probleme zu meistern, als Orientierung an Werten, um unser Handeln moralisch und ethisch ausrichten und daran messen zu können, oder als Orientierungswissen, das zur Weltorientierung und kulturellen Orientierung notwendig erscheint. „Orientierung" gilt als Gegenmittel zur um sich greifenden oder auch nur feuilletonistisch diagnostizierten Unübersichtlichkeit, Widersprüchlichkeit, Verunsicherung. Die Dynamik der modernen Welt verändert die Orientierungsgewohnheiten, die Kompetenzprofile, zu denen Bildung gehört, und unsere Probleme.

Orientierung soll etwas sehr Konkretes sein. Orientierung findet in der Lebenswelt statt, nicht in der Welt der Begriffe und Theorien. Orientierungsfragen kann nur der beantworten, der durch seinen Lebensweltbezug über die Theorie und Expertise schon hinausgelangt ist. Und das haben Bildung und Orientierung gemeinsam: Sie sind mehr Lebensformen als Wissensformen. Wilhelm von Humboldt sprach von einem Können, das Welt (und zwar wirkliche Welt) in sich zieht und Welt durch sich selbst ausdrückt, also Orientierung verleiht.

Wissensgesellschaft und Informationsgesellschaft sind heute die leitenden Begriffe. Was beiden Gesellschaftsbegriffen nicht mehr zugeordnet wird, ist die Universalität des Wissens, das unsere Gesellschaft orientieren könnte, ja: müsste. Dies ist ein Plädoyer für das Nachdenken über eine Gesellschaft, die nicht nur immer mehr weiß und immer informierter ist, sondern die auch orientiert sein muss. Gefragt ist Orientierungskompetenz, die auch ich unter dem Begriff der Bildung fasse. Gerade weil unsere Gesellschaft eine offene, innovative, flexible und mobile ist, braucht sie eine Bildung, die über die Funktionalität des Tages und die berufsspezifischen Anforderungen hinausgeht. Unsere moderne Welt ist von ständiger Veränderung geprägt. Parallel konstatieren wir die ansteigende Spezialisierung des Wissens. Insofern können wir heute von einer Welt der spezialisierten Experten sprechen. In ihr wird das Wissen vorrangig in der Kategorie der Fachlichkeit geordnet. Die Dominanz von Fachlichkeit und Expertisierung können wir nicht nur in der Wissenschaft, sondern – wie sollte es anders sein – auch in der Schule verfolgen. Es gibt einen bestimmten Wissenstyp, den man Verfügungswissen genannt hat. Dieses Kompetenzprofil – zum Beispiel im naturwissenschaftlichen Unterricht – definiert wesentlich die Qualifizierungsfunktion des Unterrichts. Es bezieht sich auf instrumentelles Wissen, fachliches Können und die Pflege der in den naturwissenschaftlich-technisch orientierten Berufen geforderten Tugenden.

Im Begriff Verfügungswissen steckt „Verfügbarkeit" in einem doppelten Sinn: Einmal hat das Kompetenzprofil Werkzeugcharakter, weil es in praktischen Anwendungszusammenhängen instrumentell verwendbar ist, aber es verändert den Menschen nicht. Zum anderen macht es auch seinen Träger verfügbar im Sinne von „brauchbar für Aufgaben", die ihm von anderer Seite und in fremder Absicht gestellt werden.

Die Alternative ist das Orientierungswissen. Damit ist ein Kompetenzprofil gemeint, das darauf gerichtet ist, das Verhältnis Mensch-Natur in existentieller Hinsicht zu klären. Bezogen wieder auf den naturwissenschaftlichen Unterricht beinhaltet dieses Kompetenzprofil auf der Ebene der Kenntnisse jene Inhaltsaspekte, die Aufschluss über die Bedingungen der menschlichen Existenz geben können, über die Eingriffsmöglichkeiten des Menschen und die daraus resultierenden Folgen. Die Veränderungen betreffen immer auch uns selbst, unser Wahrnehmen und Handeln, unsere Bedürfnisse und Lebensziele, die Natur und die Kultur. Sinn- und Wertfragen sind daher von den auf das Orientierungswissen gerichteten Inhalten nicht abtrennbar. Auf der Ebene des Könnens stehen kommunikative Fähigkeiten im Vordergrund: Diskursfähigkeit, naturwissenschaftliche Texte verständig lesen können, an der Auseinandersetzung über naturwissenschaftliche Sachverhalte im Alltag aktiv partizipieren können, „denkendes Beobachten" und so weiter. Moralische Urteilsfähigkeit, Aufgeschlossenheit und die Bereitschaft zur Übernahme von Verantwortung stehen im Rahmen des Orientierungswissens im Vordergrund.

Heute sind andere Kompetenzen als früher gefragt: Kompetenzen, auf die hin Bildung und Ausbildung in Zukunft organisiert werden müssen. Bedeutet das zwangsläufig, dass es keine Bestände an Bildung mehr gäbe, die fest blieben? Nein, ein großer Teil des disziplinären und fachlichen Wissens, das in den Schulen gelehrt und gelernt wird, gehört zu diesen stabilen Beständen und ist nach wie vor eine wesentliche Voraussetzung für die gefragten neuen Kompetenzen. Für die Schule kann diese Überzeugung nur bedeuten, an den disziplinären und fachlichen Ausbildungen, ob im Deutschunterricht, im Mathematikunterricht, im Sprachenunterricht und im naturwissenschaftlichen sowie historischen Unterricht, festzuhalten.

Die Schule soll also helfen, einen Überblick über die von uns erkennbare Welt zu gewinnen, Vorstellungen zu ordnen und Zusammenhänge zu erkennen. Nur wer einen Überblick hat und Zusammenhänge kennt, gewinnt einen Urteilshorizont, der über den (meist kleinen) privaten Lebenshorizont hinausreicht. Der gebildete Mensch weiß auch über Zusammenhänge Bescheid, die nicht unmittelbar seinem beruflichen oder privaten Lebenskreis zuzuordnen sind.

Ein Orientierungswissen ist also auch ein Zusammenhangswissen, das vielfältig in sich vernetzt ist. Dieses Orientierungswissen hat nichts zu tun mit „Wer wird Millionär?" und auch nicht mit PISA. Das Orientierungswissen lässt sich dadurch kennzeichnen, dass die Einzelfakten im Wissen nicht beziehungslos nebeneinander stehen, sondern für den, der weiß, auf vielfältige Weise sinncodiert sind. Es bedeutet auch, einen Überblick zu haben über die Standpunkte, die man als Mensch einnehmen kann, und den eigenen Standpunkt zu kennen – eine durchaus reflexive Funktion des Orientierungswissens. Nur wer seinen Standpunkt kennt, kann ihn begründen oder begründet ändern.

Zum Orientierungswissen gehört die kulturelle Orientierung; sie leistet Aufbau und Stabilisierung einer reflektierten kulturellen Identität. Und weil immer nur ein kleiner Teil der kulturellen Traditionen und Errungenschaften in der Schule weitergegeben werden kann, stellt sich hier erneut die Frage nach den unverzichtbaren Beständen, nach dem Kanon: Auf was können wir verzichten – was ist unverzichtbar, also verpflichtend? Und damit reden wir erneut über Bildung. Bildung und Kultur sind Teil eines erfahrungsintensiven, konstruktiven und reflexiven Lebens. Zum Orientierungswissen gehört die Orientierung an Werten. Ich kann mir keine gelungene und stabile Kultur ohne gemeinsame Werte denken. Dabei haben wir große Herausforderungen zu meistern. Die wissenschaftlich-technische Entwicklung und die Globalisierung haben zu einer ungeheuren Potenzierung individueller Möglichkeiten bei gleichzeitiger Zunahme der Risiken geführt. Ein verbindlicher Ersatz für die verabschiedeten traditionellen Orientierungssysteme einer Lebens- und Wertgestaltung gibt es gleichwohl nicht. Die Individuen sind zur riskanten Autonomie ihres gesamten Denkens und Handelns „verdammt".

Die Frage nach einer Ethik oder Moral ist damit in keiner Weise vom Tisch – im Gegenteil! Wer die Emanzipation seines Denkens und Handelns von traditionellen Autoritäten (freiwillig oder unfreiwillig) geleistet hat und von den Sicherheiten des sozialmoralischen Milieus unabhängig geworden ist, ist für sein Denken und Handeln in ganz neuer und riskanter Weise verantwortlich. Er ist von den Fragen nach „richtig/falsch", „angemessen/unangemessen", „gut/schlecht" nicht entlastet, nur weil es die verbindlichen Ideologien, sozialmoralischen Milieus und gesellschaftlichen Institutionen nicht mehr gibt, denen eine Sinngebung und moralische Orientierung quasi naturwüchsig zugerechnet wurde.

Jeder von uns muss unaufhörlich seine vielfältigen und schnell beweglichen Lebens- und Arbeitskontexte auf ihre besonderen sozialen und moralischen Anforderungen hin überprüfen und bewerten. Deshalb brauchen wir mehr denn je entwickelte Fähigkeiten zur souveränen Erfassung sozialer Situationen und zur Deutung ihrer ethisch-moralischen Sinnperspektiven, um ein starkes und stabiles Selbstkonzept moralischer und sozialer Kompetenz zu entwickeln, das unsere Handlungen leitet.

Die Individualisierung steht keinesfalls gegen ein wertorientiertes und moralbestimmtes Leben. Für den Einzelnen sind seine persönlichen Werte Maximen seines Handelns, sie stellen Maßstäbe dar, an denen er sein Leben ausrichten, seine individuellen Ziele messen kann. Wertorientierung setzt, für den Einzelnen wie für die Gemeinschaft, Wertbewusstsein voraus. Wer nicht weiß, was für ihn ein Wert ist, kann sein Handeln nicht danach ausrichten. Ich teile auch nicht die Klage über den Verfall der Werte. Alle jüngeren Untersuchungen sprechen vom Wechsel und von der Pluralisierung der Werte, aber nicht von ihrem Verfall, quasi von ihrem „Absterben". Partikulare Werte werden schwächer, universelle Werte werden stärker. Werte, die ehemals für eine ganze Gesellschaft oder große Teile verbindlich waren, werden durch individuelle Werte und Wertehierarchien ersetzt – und von der Gesellschaft auch toleriert.

Wenn es auch schwieriger geworden ist, sich an Werten zu orientieren, wird Einigkeit darüber herrschen, dass die Schule ihren Beitrag zur Orientierung an Werten beitragen muss. Aber Werte müssen – wie Kultur und Bildung überhaupt – gepflegt, gelebt werden. Und Werte werden gelebt durch gemeinsame praktische Orientierung an jenen von ihnen, die ohne Zweifel verbindlich sind. Nun mag eingewendet werden, dass ich die Rolle und die Möglichkeiten der Schule überschätze. Irrtum! Je mehr die Kinder und Jugendlichen im Schulalter ihre Informationen und ihr Wissen, aber auch die Lebensstilangebote, die Sinnbilder, die sie anleiten, und die sozialen, moralischen und kulturellen Orientierungen aus Medien von außerhalb der Schule beziehen, um so dringlicher ist es, Zeit, Raum und Gelegenheiten zur gemeinsamen Reflexion, kritischen Nachfrage und strukturierten Anregung zu schaffen. Wo sollte das besser möglich sein als in der Schule, dem gemeinsamen Ort einer Generation?

Wolfgang Huber

Orientierungswissen in evangelischer Perspektive

I.

Bildung gehört zu den großen Themen der Gegenwart. Kritische Untersuchungen und Studien haben dem Bildungswesen in Deutschland kein gutes Zeugnis ausgestellt. Die demographische Entwicklung des Landes lässt die Alarmglocken läuten. Nach Möglichkeiten der Abhilfe wird auf vielerlei Weise gesucht. So wird gefordert, vom frühest möglichen Zeitpunkt an die „Bildungsreserven" der deutschen Bevölkerung auszuschöpfen. Es gibt eine Debatte über die Vorverlegung des Einschulungsalters. Gesellschaftliche Anforderungen bestimmen dabei die Betrachtungsweise. Sie haben ein unverkennbares Gewicht. Individueller Bildungsstand und berufliche Perspektive stehen genauso in einem engen Verhältnis zueinander wie gesellschaftliches Bildungsniveau und wirtschaftliche Leistungsfähigkeit einer Gesellschaft. Das zu verkennen, wäre naiv und in meinen Augen kein Ausdruck eines verantwortlichen Umgangs mit der gegenwärtigen Situation. Und doch stellt sich die Frage, ob die Ökonomisierung von Bildungszielen und Bildungsinhalten die angemessene Antwort auf die Herausforderungen unserer Gesellschaft darstellt.

In einer solchen Ökonomisierung von Bildungszielen und Bildungsinhalten spiegelt der gegenwärtige Diskurs über Bildung die allgemeine Ökonomisierung des Denkens und Handelns, für die generell der Prozess der „Globalisierung" als verantwortlich betrachtet wird. Das Argument der Globalisierung gilt folgerichtig als eines der stärksten Argumente dafür, dass Bildung zukunftsfähig werden soll – eben im globalen Horizont. Weithin wird eine Internationalisierung von Bildung gefordert, die den Herausforderungen der Globalisierung gerecht werden soll.

Der Begriff der Globalisierung selber bleibt dabei reichlich vage. Gelegentlich wird daran erinnert, dass es sich ursprünglich um einen religiösen Begriff oder doch um einen Begriff mit religiösen Konnotationen handele – als Ganzes sei die Welt Gottes Schöpfung. Der berühmte Satz aus der biblischen Schöpfungsgeschichte, welcher sagt: „Gott sah an alles, was er gemacht hatte, und siehe, es war sehr gut" (1. Mose 1,31), ist nicht gerade eine Bekräftigung all dessen, was wir uns so heute unter Globalisierung vorstellen, vielmehr ein kritischer Maßstab. Schau an alles unter dem Gesichtspunkt, ob es gut sei, gut auch für die Menschen, und dann rede von einer Globalisierung, die der Förderung wert ist. Der ganze bewohnte Erdkreis, die Ökumene, die „eine Welt" wird als Gottes Schöpfung angesprochen, und damit, so sagt man, verbinde sich die Hoffnung auf weltweite Verständigung, Gerechtigkeit und Kooperation. Im heutigen Bildungsdiskurs allerdings wird weniger an solche Aspekte von Globalisierung gedacht als vielmehr an eine globale Ökonomie, an den internationalen Wettbewerb, an die notwendige Standortsicherung, zu der sich jedes Land durch die Globalisierung herausgefordert sieht. Das Idealbild globalisierungsgerechter Bildung zielt so gesehen auf die Verbindung von Technologie, Ökonomie und internationaler Kommunikationsfähigkeit, die Fähigkeit zur Verständigung in mindestens zwei Fremdsprachen eingeschlossen.

Die beschriebenen Entwicklungen und der entstehende Konkurrenzdruck führen zu einer Dynamik, die immer stärker in das Leben der Einzelnen eingreift. Wissensmanagement und lebenslanges Lernen werden als unumgängliche Voraussetzungen für ein erfülltes und erfolgreiches Leben sowie als Grundlage für eine wissensbasierte Wirtschaft hervorgehoben: Jeder müsse lernen, mit neuen Technologien umzugehen, um sich mit deren Hilfe Fachwissen oder allgemeine Bildung zu erschließen. Wer sich diesem Anliegen entziehe, sei vom „sozialen Abstieg" bedroht. Außerdem wird von jedem verlangt, selbst zu entscheiden, was das Richtige sei, das es zu lernen gilt, und wann der Zeitpunkt gekommen sei, dies auch zu tun. Wichtiger denn je werde es sein, das Lernen zu erlernen und Methoden zu entwickeln, aus der Fülle der Wissensangebote auszuwählen, ohne die begrenzten Kräfte an Überflüssiges und Belangloses zu vergeuden. Aus dem längst unüberschaubar gewordenen Angebot des Wissens soll der Einzelne das für ihn jeweils Bedeutsame, Unverzichtbare, Nützliche oder auch nur Gefällige herausfiltern können. Dazu muss er in der Lage sein, selbstständig zu denken, Fragen zu erkennen und darauf Antworten zu suchen sowie den Fragen, Antworten und Lösungen auf den Grund zu gehen. Vor allem soll er lernen – das wird immer wieder betont –, dass einmal erworbenes Wissen nicht mehr ausreicht, um im globalen Wettbewerb bestehen zu können. Er wird vielmehr aufgefordert, sich in einem lebenslangen Lernprozess immer neues Wissen anzueignen. Wissen soll dabei vergleichbar werden, abrufbar, messbar, denn es gilt als Verteiler von Lebenschancen und Berechtigungen. Man mag diese knappe Skizze gegenwärtiger Bildungsdiskussion als einseitig ansehen; richtig neben der Debattenlage liegt eine solche Beschreibung, so meine ich, nicht.

II.

Die Notwendigkeiten und die Chancen des auf europäischer und nationaler Ebene als dringend erforderlich betrachteten lebenslangen Lernens werden in vielen bildungspolitischen Programmschriften beschrieben. Niemand wird die positiven Möglichkeiten lebenslangen Lernens bestreiten. Es spielt auch in der Kirche, auch für ein evangelisches Bildungsverständnis, eine große Rolle. In der evangelischen Tradition hat die Vorstellung vom lebenslangen Lernen einen hohen Rang. Für Martin Luther gilt, dass Christen ihr Leben lang Schüler des Katechismus bleiben sollten. An diesem Beispiel exemplifiziert er das lebenslange Lernen zuallererst. Lernen vor Gott und in der Lebenswirklichkeit ist unerschöpfbar. Lebenslanges Lernen trägt zur beruflichen und allgemein-menschlichen Bildung und Reife des Menschen bei. Mit dem Akzent auf der Bildung der Person folgt die Kirche allerdings einem umfassenden Verständnis von „lebenslangem Lernen".

Die evangelische Kirche hat sich deshalb in den vergangenen Jahren intensiv um die Wiedergewinnung eines ganzheitlichen Bildungsverständnisses bemüht und versucht, daraus die nötigen Konsequenzen zu ziehen. Den Anfang dieses neuen Anlaufs machte die Denkschrift zum Religionsunterricht, die 1994 unter dem Titel „Identität und Verständigung" veröffentlicht wurde. Die Grundpositionen, die vor einem Jahrzehnt in dieser Denkschrift niedergelegt wurden, haben sich seitdem bewährt. Sie wurden in den Folgejahren in einer Reihe von Richtungen konkretisiert, beispielsweise in Beiträgen zum Problem des islamischen Religionsunterrichts, zu den Veränderungen im Grundschulbereich oder auch zum Verhältnis von Konfirmation und Jugendweihe – einem im Osten Deutschlands nach wie vor hochaktuellen Problem. In einem nächsten Schritt, motiviert auch durch die PISA-Studien, hat die EKD sich noch umfassender um die Darlegung eines evangelischen Bildungsverständnisses bemüht. Im Jahr 2003 ist das Ergebnis in Gestalt der Denkschrift „Maße des Menschlichen. Evangelische Perspektiven zur Bildung in der Wissens- und Lerngesellschaft" vorgelegt worden. Um einen evangelisch profilierten Bildungsbegriff ging es dabei, der an der menschlichen Biographie und damit an der Selbstbildung des Menschen in den verschiedenen Phasen seines Lebenslaufs orientiert ist.

Eine solche ganzheitliche Bildungsvorstellung sieht sich allerdings neuen Herausforderungen gegenüber. Wir leben heute nicht oder nicht mehr in einer einheitlich strukturierten Lebenswelt. Als modern zeichnen sich die Verhältnisse dadurch aus, dass sie sich rasch verändern. Das, was als modern gilt, ist daher selbst einem Prozess der andauernden Entwertung unterworfen. Erneuerung heißt der Imperativ. Der Fortschritt ist nur noch formal durchs Neue definiert. Er ist ein offener Raum, kein Ziel, das irgendwann erreichbar wäre. Niemand kann mehr sagen, wohin die Reise geht; dafür sind alle gehalten, sich dauerhaft und intensiv anzustrengen, um schneller dort zu sein: Reise als Selbstzweck. Die zunehmende Beschleunigung des ökonomischen und gesellschaftlichen Lebens – insbesondere die Veränderung der Arbeitsverhältnisse – entwertet immer schneller und immer massiver die traditionellen kulturellen Muster der Lebensführung. Alle Personen haben fortwährend Veränderungs- und Handlungsbedarf. Beschleunigung und Unübersichtlichkeit und deren unaufhaltsame Zunahme sind die auffälligsten Merkmale dieses Prozesses. Dies führt unter anderem zu Sinn- und Orientierungsverlusten, zu Verlusterfahrungen auch im Orientierungswissen. Und dem entsprechen dann die dazugehörigen individuellen und gesellschaftlichen Suchbewegungen, mit deren Hilfe solche Verluste kompensiert und reduziert werden sollen.

In einer Stellungnahme der EKD von 1997 heißt es dazu: „Orientierung ist darum heute ungemein wichtig geworden, aber ihr Fehlen wird vielfach nicht als Krise gedeutet oder als existenzbedrohend empfunden. Nicht die Orientierungskrise, sondern die Normalität eines hohen, stetig wachsenden Orientierungsbedarfs ohne stabile Orientierungsdaten ist darum gegenwärtig zentraler Ausgangspunkt von Bildungsarbeit." Der Philosoph Jürgen Mittelstraß hat die Konsequenzen in einem Vortrag mit dem Titel „Bildung und ethische Maße" im Jahre 2001 näher erläutert: „Bildung ist Ausdruck einer Kultur und entsteht – ebenso wie eine Kultur – durch Erfinden und Gestalten. Bildung ist also nichts Theoretisches, sondern eine Lebensform und im Humboldtschen Sinne ein tätiges Begreifen der Welt. Der Begriff Bildung schließt im klassischen wie im modernen Sinne auch den Begriff der Orientierung mit ein."

Weil Bildung Ausdruck einer Kultur ist, müssen wir uns, wenn wir weiterkommen wollen in der Auseinandersetzung mit dem Bildungsproblem der Gegenwart, auch mit dem Verständnis von Kultur auseinandersetzen. Die Evangelische Kirche in Deutschland hat das im Rahmen eines Konsultationsprozesses unter dem Titel „Protestantismus und Kultur" in den Jahren 1999 bis 2002 intensiv getan. Das geschah auch in dem Bewusstsein, dass das Christentum und unsere europäische Kultur von Beginn an miteinander verwoben sind. Immer wieder wurde der Versuch unternommen, die kulturelle Relevanz des christlichen Glaubens neu zu bestimmen und umgekehrt neue kulturelle und künstlerische Entwicklungen für die Deutung des christlichen Glaubens fruchtbar zu machen. Religion wird als Teil der Kultur wahrgenommen; aber sie ist zugleich mehr als Kultur. Sie prägt Kultur; aber sie muss zu diesem Zweck auch kulturelle Entwicklungen wahrnehmen und verarbeiten. Sie braucht kulturelle Ausdrucksformen; aber sie muss zugleich die Autonomie der kulturellen Sphären, insbesondere der Kunst, achten. Religion thematisiert ein bestimmtes Gottesverhältnis; aber sie muss sich zugleich damit auseinandersetzen, dass es Kultur und Religion nur im Plural gibt. So lässt sich das Spannungsverhältnis beschreiben, in dem wir das Verhältnis zwischen Religion und Kultur in evangelischer Perspektive sehen.

Der Protestantismus beharrt darauf, dass das neuzeitliche Verständnis wissenschaftlicher Welterkenntnis nicht etwa eine Abwendung vom Glauben, sondern ein Ausdruck des christlichen Glaubens selbst ist. Diese Bejahung der Weltlichkeit der Welt und ihrer wissenschaftlichen Entschlüsselung hat für das Verhältnis von Protestantismus und Kultur eine zentrale, kaum zu überschätzende Bedeutung. Evangelische Theologie hat deshalb zum wissenschaftlichen Umgang mit der Welt und zum Fortschritt in den Wissenschaften ein grundsätzlich positives Verhältnis. Das schließt die Kritik bestimmter Entwicklungen nicht aus, sondern ein. Es ist doch gerade ein Ausdruck von Wissenschaft selbst, dass sie kritisch ist und dies hoffentlich auch mit sich selbst. Aber mir liegt sehr viel daran, deutlich zu machen: Die kritische Auseinandersetzung mit bestimmten wissenschaftlichen Entwicklungen – die

Lebenswissenschaften sind dafür ein besonders herausragendes Beispiel – vollzieht sich im evangelischen Bereich auf der Grundlage einer grundsätzlichen Bejahung des forschenden Eindringens in die Geheimnisse der Natur. Denn darin liegt ein Ausdruck menschlicher Freiheit. Diese Freiheit soll im Namen des Glaubens nicht bestritten werden. Sie soll insbesondere im Namen einer evangelischen Gestalt des christlichen Glaubens vielmehr ausdrücklich bejaht werden. Wie man mit dieser Freiheit verantwortlich umgeht, das ist die Frage, die im Streit steht. Wie Freiheit verantwortet werden kann, ist überhaupt ein Schlüsselthema, wenn es um den Beitrag des Christentums zur kulturellen Orientierung in unserer Gegenwart geht.

III.

Doch dieser Beitrag ist umstritten. Denn die Präsenz des Christlichen im öffentlichen Raum, seine Bedeutung für unser kulturelles Selbstverständnis, sein möglicher Beitrag zur Ausbildung einer gegenwartsbezogenen Ich-Identität verstehen sich nicht mehr von selbst. Traditionelle Selbstverständlichkeiten und Selbstverständnisse haben sich aufgelöst. Die christlichen Prägungen unserer Kultur werden allenfalls noch in ihrem ethischen Gehalt geahnt. „Irgendwie", so heißt die Auskunft, sei unser aller Ethik christlich geprägt, wir mögen der Kirche angehören oder nicht. Wir mögen diese Prägung im öffentlichen Raum fördern und pflegen oder wir mögen sie unter dem vermeintlichen Anspruch staatlicher Neutralität aus diesem öffentlichen Raum zu verbannen suchen, irgendwie zehren wir von einem christlichen Erbe und meinen, wir könnten auch dann noch weiter von ihm zehren, wenn wir uns selber zu ihm gleichgültig verhalten.

Die These von einer nachlassenden Verbindung zwischen Christentum und Kultur in der Gegenwart bedarf jedoch der Korrektur: Denn die Besonderheiten der west- und mitteleuropäischen Entwicklung dürfen nicht umstandslos verallgemeinert werden. Und sie dürfen auch nicht unbesehen in die Zukunft hinein verlängert werden. In vielen Regionen der Erde erleben wir derzeit einen Trend zur Religion; Trendforscher sagen voraus, dass dieser „Megatrend Religion" über kurz oder lang auch Mittel- und Westeuropa erreichen wird. Und unsere Verantwortung besteht darin, die Formen mitzubestimmen und mit zu prägen, in denen das geschehen wird. Wenn wir wollen, dass das in einer Form passiert, die sich nicht einem Fundamentalismus ausliefert, wenn wir wollen, dass in solchen neuen Formen der Wiederkehr von Religion das Bündnis von Religion und Bildung eine Chance hat, dann müssen die Voraussetzungen dafür heute geschaffen werden und nicht erst übermorgen. Viele haben es als befreiend empfunden, als Jürgen Habermas auf die Ahnung solcher Entwicklungen mit der Rede von einer „post-säkularen Epoche" reagierte. Damit war keine Rückkehr in überlieferte oder gar überholte Formen eines Öffentlichkeitsanspruchs der Großkirchen gemeint. Denn der Vorschlag, religiös motivierten Minderheiten das Recht zu einem aufschiebenden Veto in politischen Fragen von existentieller Bedeutung einzuräumen, weist ja deutlich in eine andere Richtung. Aber eindrücklich macht dieses Plädoyer eines Menschen, der sich selbst für „religiös unmusikalisch" hält, deutlich, dass sich heute – angesichts der wissenschaftlichen Entwicklung ebenso wie angesichts der politischen Konstellation – elementare Fragen neu stellen, für deren Beantwortung man auf das Potential der Religion schlechterdings nicht verzichten kann.

Dass Religion zur allgemeinen Bildung gehört, gilt also nicht nur deshalb, weil sie für die geschichtliche Entwicklung unserer Kultur eine prägende Bedeutung hat. Es gilt zugleich, weil für den Umgang mit den großen gesellschaftlichen Zukunftsfragen wie auch für die Beantwortung persönlicher Existenzfragen auf ihr Potential nicht verzichtet werden kann. Deshalb tritt das Phänomen der Religion überall dort auf den Plan, wo nach den Maßstäben zur Deutung und Beherrschung der gesellschaftlichen und kulturellen Entwicklung gefragt wird. Auch von denen wird dann nach der Religion und den von ihr vermittelten „Werten" gefragt, die für sich selbst von einer bestimmten religiösen Bindung Abschied genommen haben oder Abstand halten. Gerade in der Lern- und Wissensgesellschaft gewinnen Werteinstellungen und Haltungen an Bedeutung, wenn Mündigkeit das Leitziel bleiben und nicht als Umschreibung lebenslangen Lernens substanzarm ins Leere laufen soll. Ohne eine Orientierung an Werten wird die sich immer schneller ändernde Lebenswirklichkeit mit ihrer Fülle stets neu verfügbaren Wissens zu einer Welt ohne Richtung und ohne Ziel – sie verliert ihr menschliches Maß.

Welche Werte aber brauchen wir? Freundlichkeit, Treue, Pünktlichkeit, Humor, Kinder und Familie, Wahrhaftigkeit, Freiheit, Streitkultur,

Gottesfurcht, Solidarität, Gerechtigkeit? Außerhalb des Artikels 2 des Verfassungsentwurfs für die Europäische Union gibt es noch ein paar mehr Werte, die auch mit persönlichen Grundhaltungen und mit der Dimension persönlichen Lebens zu tun haben. So existiert eine große Zahl unterschiedlicher Werte, aber sie sind in vielerlei Hinsicht subjektiv. Meine grundlegenden Werte kann ich nicht wechseln wie ein Paar Schuhe. Ich kann auch nicht denken, ich hätte dann besonders reichhaltige Werte, wenn ich besonders viele Schuhe habe. Werte sind Teil meines Lebens, auch wenn sie Veränderungen unterliegen. Sie hängen eng mit dem zusammen, was meine Person, meine Identität ausmacht. Ihre Entstehung ist ein kommunikativer Vorgang. Immer wieder erfolgt ein Abgleich der eigenen Werte mit denen anderer. Entwicklungspsychologische Studien zeigen, wie wichtig dieser Vorgang für die Identitätsbildung gerade bei Kindern, Jugendlichen und jungen Erwachsenen ist. Gleichzeitig liegt darin ein nicht unerhebliches Konfliktpotenzial. Wer meine Werte infrage stellt, stellt mich infrage. Es ist wichtig, dieses Konfliktpotenzial konstruktiv und nicht destruktiv zu wenden.

In den Zusammenhang von Werten und Normen gehört schon allein phänomenologisch die Religion. Religiöse Orientierungen spielen bei der Ausbildung und der Kritik von Werten und Wertsystemen eine wichtige Rolle. Was also können die Kirchen zur Werteorientierung beitragen? Sie verwalten keinen Schatz von Werten, an dem die Gesellschaft nur durch ihre Vermittlung teilhaben kann. Es kommt dann und wann vor, dass sich evangelische Theologie dem Wertediskurs auch verweigert und sagt, sie sei zuständig für eine wert-lose Wahrheit – so ein berühmt gewordener Titel eines Aufsatzes von Eberhard Jüngel, der gerade die Wahrheit des Glaubens und die in der Gesellschaft verhandelten Werte gegeneinander stellt. Die Gerechtigkeit allein aus dem Glauben stellt eben die menschlichen Bemühungen um ein gutes und gerechtes Leben, jedenfalls auf den ersten und den zweiten Blick, radikal infrage. Vielmehr soll die Wahrheit und die Erfahrung des Evangeliums zu einer Freiheit verhelfen, die vom Zwangscharakter derartiger Bindungen und Verpflichtungen erlöst. Auf diese Weise kommt es zu einer Kritik der Werte, allerdings vor dem Hintergrund der grundlegenden Erfahrungen christlichen Glaubens. Und natürlich bleiben durch diese Erfahrungen die Werte und das Handeln der Menschen nicht unverändert. Insofern gibt es dann eine weitere Zuwendung zu dieser Frage der Werte, aber eben eine zweite, die von der Vorstellung befreit ist, es handele sich bei den Wertorientierungen des Menschen nur um etwas vom Menschen selbst hergestelltes oder etwas, was dann noch die Fähigkeit hat, dass der Mensch sich mit Hilfe dieser Werte selber Gerechtigkeit, gelingendes Leben zusprechen kann.

Nach evangelischen Beiträgen zur „Werteerziehung" zu fragen, bedeutet deshalb mehr, als nur nach „Werten" zu fragen. Es heißt nicht nur, sich zu Fragen des Religionsunterrichts, der Kindertagestätten in evangelischer Trägerschaft oder anderen bildungspolitischen Einzelfragen zu äußern – so wichtig sie sind. Es geht vielmehr darum, sich der Frage nach einer Konzeption von Bildung selbst zu stellen. Das Bündnis von Glauben und Bildung, das für den Protestantismus charakteristisch ist, muss sich heute in der Arbeit an einer evangelischen Bildungskonzeption bewähren. Es geht um ein Konzept von Bildung, das sich an dem christlichen Bild des Menschen orientiert, das jeden Menschen als Geschöpf Gottes, als Gott entsprechenden Menschen, als Ebenbild Gottes ansieht. Es geht davon aus, dass jeder Mensch kraft dieser Berufung dazu bestimmt ist, selbst Subjekt seiner Lebensgeschichte und seines Bildungsprozesses zu sein.

IV.

Aus diesen Überlegungen ergeben sich acht – genauer muss ich freilich sagen: mindestens acht – Kriterien für unaufgebbare Elemente eines evangelischen Bildungsverständnisses, die ich kurz skizzieren will:

1. Bildung, Erziehung und Gerechtigkeit

Zunächst geht es darum, Bildung und Erziehung im Zusammenhang zu sehen. Dieser Zusammenhang wird heute oft vernachlässigt. Erziehung, deren Ort wesentlich in den informellen Bereichen der Familie oder der peer-groups gesehen wird, wird weithin von Bildung abgelöst, für die man die Institutionen von Staat und Gesellschaft für verantwortlich ansieht. Und diese Bildung wird ferner weithin als formale Bildung angesehen, die diejenigen Fähigkeiten und Fertigkeiten vermittelt, die Heranwachsende brauchen, um für die Informationsgesellschaft fit zu sein. Diese Dominanz formaler, technischer, instrumenteller Bildungsziele entspricht aber nur einem Teil von meist kurzfristigen Erfordernissen, mit denen der Bildungsprozess verbunden wird. Dieser kritische Blick auf die Verengung des Bildungsbegriffs ist keineswegs obsolet geworden. Vielmehr muss man feststellen: Auf das beunruhigende Abschneiden Deutschlands oder einzelner deutscher Bundesländer in der PISA-Studie reagierte man vorwiegend mit der Frage, welche Kompetenzen stärker entwickelt werden müssen und wie sie durch entsprechende Tests auch überprüft werden können, um so eine Steigerung des Bildungsniveaus unter Beweis zu stellen – wiewohl doch auch sehr andere Konsequenzen gezogen werden können, ja nach meiner Überzeugung gezogen werden müssen.

Sicher ist es notwendig, Erfolge von Bildungsanstrengungen auch auf möglichst objektive Weise zu prüfen. Aus der Sicht der Kirchen viel aufrüttelnder sind allerdings die von den genannten Studien aufgezeigten strukturellen Ungerechtigkeiten und Ausgrenzungsprozesse im Bildungsbereich. Dass das Ziel einer durchgreifenden Chancengerechtigkeit im Bildungsbereich noch immer in weiter Ferne steht, ist sehr beunruhigend, und darauf aufmerksam gemacht zu haben, wäre für alle Schulleistungsvergleiche schon Grund und Bestätigung genug. In einer differenzierten und pluralen Gesellschaft, die von zunehmender Vielfalt und Differenz geprägt ist und in der Lebenschancen ungleich verteilt sind, muss sich Bildung der Frage nach Gerechtigkeit stellen. Das ist ein sehr wichtiger Punkt, auch im Blick auf den Elementarbereich. Die EKD hat deshalb in ihrer Erklärung zur Bildung in Kindertagesstätten darauf hingewiesen, dass wir, wenn der Kindertagesstättenbereich wirklich unter das Paradigma von Bildung gestellt werden soll, unter allen Umständen verhindern müssen, dass gerade diejenigen Kinder am Besuch der Kindertageseinrichtungen gehindert sind, deren Eltern in sozial schwachen Verhältnissen leben und sich nicht in der Lage sehen, die geforderten Kindergartenbeiträge aufzubringen. Hier fängt es an, ob wir die Forderungen nach Chancengerechtigkeit, Nutzung von Bildungsreserven, gleichem Zugang zu Bildungsmöglichkeiten für alle ernst meinen – in diesem Sinn tatsächlich früher als mit sechs Jahren. Ein evangelisches Bildungsverständnis orientiert sich also am Recht auf gleichen Zugang zu Bildung und Bildungschancen.

Studien, wie sie unter den Kürzeln PISA oder IGLU bekannt geworden sind, können nur der Auslöser für Anstrengungen zur permanenten Reform des Bildungswesens sein. Sie dürfen sich nicht darauf beschränken, den Erwerb von sprachlichen und mathematisch-naturwissenschaftlichen Kenntnissen und Wissensbeständen zu prüfen. Blieben wir dabei stehen, würden wir Bildung verkürzen und beschädigen.

2. Der Zusammenhang von Verfügungs- und Orientierungswissen

Damit komme ich zu den zentralen Begriffen dieses Kongresses. In seinem schon erwähnten Vortrag aus dem Jahr 2001 hat Jürgen Mittelstraß Folgendes ausgeführt: „Wo sich Wissen, Information und Orientierung auseinander bewegen, wo der Markt das Maß aller Dinge zu werden und der Mensch hinter seinen ökonomischen Werken zu verschwinden beginnt, wird Bildung zu einer konkreten Utopie und zur Zukunft einer Wissensgesellschaft, die wieder über einen intakten Wissensbegriff verfügt. ... In der modernen Welt hält die Zunahme an Orientierungswissen nicht mehr Schritt mit dem Anwachsen des Verfügungswissens. Der wissenschaftlich-technische Verstand ist stark, die praktische Vernunft schwach. Der Streit um einen Wertewandel versperrt den Blick auf die Zukunft der praktischen Vernunft."

Mittelstraß war es auch, der bereits in den neunziger Jahren Verfügungs- und Orientierungswissen so beschrieben hat: „Verfügungswissen ist ein Wissen um Ursachen, Wirkungen und Mittel; es ist das Wissen, das Wissenschaft und Technik unter gegebenen Zwecken zur Verfügung stellen. Orientierungswissen ist ein Wissen um gerechtfertigte Zwecke und Ziele; gemeint sind Einsichten, die im Leben orientieren (z. B. als Orientierung im Gelände, in einem Fach, in persönlichen Beziehungen), aber auch solche, die das Leben orientieren (und etwa den ‚Sinn' des eigenen Lebens ausmachen)."

Ich bin davon überzeugt, dass von Bildung nur dann die Rede sein kann, wenn damit nicht nur Verfügungswissen, sondern auch Orientierungswissen gemeint ist. Ich glaube, dass wir die Ganzheitlichkeit von Bildung nicht nur darin sehen sollten, Körper, Seele und Geist in der Balance zu halten. Sie liegt vielmehr auch darin, im Blick auf den menschlichen Geist nicht nur auf diejenigen Bildungsinhalte zu setzen, die jemand braucht, um für die Informationsgesellschaft fit zu sein. Vielmehr sind mit dem gleichen Gewicht diejenigen Bildungsinhalte zur Sprache zu bringen, die jemand braucht, um sich in seiner Welt orientieren und ethisch verantwortlich handeln zu können – also um sich im Leben zu orientieren und um das Leben orientieren zu können. In einer Schule, die dieser Vorstellung gerecht würde, wäre Ethik so wichtig wie Englisch, Religion so wichtig wie Mathematik, Geschichte so wichtig wie Informatik.

Wir erleben gegenwärtig ja eine äußerst paradoxe Entwicklung. Auf der einen Seite verstärkt sich die Tendenz, Bildungsprozesse auf verwertbares Wissen oder anwendbare Fertigkeiten auszurichten. Auf der anderen Seite lässt sich beobachten, dass immer neue Versuche unternommen werden, die dadurch entstehende Einseitigkeit zu kompensieren. Auch solche Kompensationsversuche haben ihren Wert. Auf eigentümliche Weise sind beispielsweise Sport- und Religionsunterricht dadurch miteinander verbunden, dass sie für solche Kompensationsversuche immer wieder auf je spezifische Weise in Anspruch genommen werden. Vom Sport verlangt man Bewegung, von der Kirche Werte. Doch Kompensation genügt nicht. Eine Neuausrichtung des Bildungsbegriffs selbst ist nötig.

In der Diskussion um Verfügungswissen und Orientierungswissen ist ferner zu beachten, dass es zwischen beiden nicht zu falschen Abgrenzungen kommen darf: Auf der einen Seite stünde dabei ein Verfügungswissen, das sich „lernen", „erwerben" und empirisch prüfen lässt. Auf der anderen Seite fände sich ein Orientierungswissen, das als Konglomerat so genannter „weicher Bildungsziele" nebulös und wenig fassbar ist, sich sowohl einer gezielten „Aneignung" als auch einer kriterienbedingten Prüfung weithin entzieht.

Mit einer solchen Gegenüberstellung kann und sollte man sich deshalb nicht zufrieden geben, weil es doch beim Orientierungswissen auch um Wissen geht. Eben um ein Wissen, das in die Lage versetzt, sich in einer modernen und pluralen Welt zurechtzufinden. Dazu gehören bestimmte Fertigkeiten und Fähigkeiten, die Kenntnis von Sachverhalten und Zusammenhängen, das Verständnis der Folgen von Handlungen. Sie lassen sich durchaus in Lernprozessen organisieren und evaluieren. Darum geht es allerdings nicht allein. „Orientierungswissen ist ein Wissen um gerechtfertigte Zwecke und Ziele." Dazu braucht man einen Horizont von Werten und moralischen Kategorien sowie ein Urteilsvermögen, das sich außerhalb der jeweils verhandelten Sache gründet und begründet. Damit ist Orientierungswissen, theologisch gesprochen, letztlich auf die Fähigkeit des Menschen bezogen, zwischen Gut und Böse zu unterscheiden. Ein solches Urteilsvermögen ist aus evangelischer Perspektive ohne den Bezug auf Gott nicht konsequent begründbar.

3. Integrative Bildung

„Wissen – werten – handeln", so heißt das Motto dieses Kongresses. Aber um über die richtige Wertung des Wissens zum Handeln zu kommen, muss das „Können" hinzutreten, wie das auch im modernen Ausdruck der Kompetenz anklingt. Ohne Können brechen Wissen und Handeln auseinander. In der Bildungsdenkschrift der EKD aus dem Jahr 2003 heißt es deshalb: „Was nützen politische Programme und moralische Parolen, die Solidarität und Gemeinsinn im Staat, Streitkultur und Verständigungsfähigkeit in der Bevölkerung sowie Beiträge zu weltweiter sozialer Gerechtigkeit und Frieden betreffen, wenn das Wissen davon, wie es sein sollte, wegen mangelnden Könnens nicht zum Handeln führt? Ohne Können produziert eine Wissens- und Lerngesellschaft Enttäuschungen, die das Handeln lähmen. Bildung meint den Zusammenhang von Wissen, Können, Wertbewusstsein, Haltung, Handlungsfähigkeit und Sinn. Zurzeit wird meist addierend gedacht. An kognitive Leistungen werden der Erwerb sozialer Kompetenzen und die Erschließung von Wertbewusstsein angehängt. Dies ist nicht sachgemäß und darum auch nicht zeitgemäß, wenn damit gemeint ist, was unsere Zeit braucht: ein integrierendes Verständnis von Bildung und Erziehung" (Maße des Menschlichen, S. 70 f.). Bildung als Integrationsprozess muss Sachwissen und Selbstwissen, Qualifikationswissen und Orientierungswissen, ästhetische Wahrnehmung, Intuition und Phantasie und die Fähigkeit zum Umgang mit technischen Mitteln im Detail miteinander verschränken.

4. Orientierungswissen und kulturelles Gedächtnis

Jede Gesellschaft ist auf ein „kulturelles Gedächtnis" angewiesen. Eine Gesellschaft braucht nicht nur einen gemeinsamen Bestand an Themen, die kurzfristig in aller Munde sind: heute das Fußballspiel von gestern, morgen die neuesten Entdeckungen der Biowissenschaften. Eine Gesellschaft kann sich auch nicht mit Elementen der Alltagskommunikation begnügen, die von etwas längerer Dauer sind – den Gesprächen darüber beispielsweise, was die neuesten Ergebnisse der Jugendforschung sagen oder warum plötzlich Elite-Universitäten gefordert werden. Eine Gesellschaft braucht neben solchen Erinnerungselementen von großer Alltagsnähe und neben solchen aktuellen Wahrnehmungen auch ein kollektives Gedächtnis für alltagstranszendente Inhalte. Dazu gehören außerordentliche Ereignisse der Vergangenheit, große Erzeugnisse der Kunst, aber auch religiöse Überlieferungen und prägende Riten. Keine Gesellschaft kommt ohne solche Erinnerungsfigurationen aus. Denn an ihnen bildet sich die Identität einer Gesellschaft wie die Identität der Einzelnen. Grundelemente des kulturellen Gedächtnisses sind ein wichtiges Potenzial der Erneuerung, der Selbstkritik und der Reform. Ja, auch noch der Umsturz speist seine Legitimität aus der Anknüpfung an Bestände des kulturellen Gedächtnisses.

Mit dem „kulturellen Gedächtnis" bewahrt eine Gemeinschaft nicht nur gemeinsame Bilder der Vergangenheit auf. Sondern im kulturellen Gedächtnis sind zugleich die Potenziale zur Deutung der Gegenwart wie zum Entwurf der Zukunft enthalten. Eine Verständigung über die Wahrnehmung der eigenen Zeit gelingt ohne Grundbestände eines kulturellen Gedächtnisses ebenso wenig wie eine Vision der Zukunft. Ein Verstehen des 1. Mai 2004 in seiner Bedeutung für die Geschichte Europas gibt es nicht ohne kulturelles Gedächtnis. Nur ein bisschen Kenntnis über Einzelheiten der so genannten Osterweiterung der Europäischen Union allein sagt noch nicht, was das kulturell-friedenspolitisch, was es für Vergangenheit und Zukunft Europas bedeutet, was da in der Nacht vom 30. April auf den 1. Mai geschehen ist. Natürlich ist das kulturelle Gedächtnis auf beständige Erneuerung angewiesen. Über die Deutung der großen Ereignisse, die Interpretation der Klassiker, das Verständnis der religiösen Tradition, die Gestalt der prägenden Riten muss immer wieder gestritten werden. Doch zumeist geschieht das in einer Form, in welcher der Rahmen und der Inhalt des kulturellen Gedächtnisses als solcher nicht in Frage gestellt wird. Nur in besonderen Umbruchszeiten entstehen Zweifel am Inhalt und an den Maßstäben des kulturellen Gedächtnisses selbst. Davon muss man schließlich diejenige Situation unterscheiden, in welcher das Bewusstsein dafür verloren geht, dass es überhaupt eines Kanons für das kulturelle Gedächtnis bedarf. Und man mag manchmal zweifeln, ob wir uns eigentlich in der vorletzten oder in der letzten der gerade beschriebenen Situationen befinden.

In aller Regel bleibt das kulturelle Gedächtnis so lange relativ unbeachtet, solange es selbstverständlich eingelebt und vorvertraut ist. Es wird zum Thema, wenn es gefährdet, bedroht oder umstritten ist. „Nur deshalb spricht man so viel vom Gedächtnis, weil es keines mehr gibt", heißt ein viel zitierter Satz von Pierre Nora. So wie man sich um ökologische Nachhaltigkeit erst bemüht, seit sie durch die Auswirkungen menschlichen Handelns massiv gefährdet ist, so tritt auch die Notwendigkeit einer kulturellen Nachhaltigkeit erst in den Blick, wenn die Bestände des kulturellen Gedächtnisses einer massiven Erosion ausgesetzt sind. Erst relativ spät werden wir sensibel für die Gefahren einer kulturellen Umweltzerstörung. Erst allmählich erkennen wir, dass Menschen nicht nur auf natürliche Umweltbedingungen angewiesen sind, sondern dass sie auch kulturelle Räume brauchen, um sich entfalten und eine eigene Identität entwickeln zu können.

Die Regeln der Informationsgesellschaft stehen zu dieser Aufgabe in großer Spannung. Denn die Informationsgesellschaft konzentriert die Aufmerksamkeit auf das Hier und Jetzt. Sie rückt das Erleben in den Vordergrund; Erinnerung und Erwartung treten demgegenüber zurück.

Es ist kein Zufall, dass in den letzten Jahren die Frage nach einem Kanon des kulturellen Gedächtnisses neue Aufmerksamkeit gefunden hat. Es ist aber kaum darauf geachtet worden, warum in dieser Debatte der Begriff des Kanons eine Schlüsselbedeutung erlangt hat. Er erinnert nicht an jene Form des Liedes, bei der dieselbe Melodie zeitlich versetzt von mehreren Gruppen gesungen wird, sondern ist zum ersten Mal aufgetaucht, als es um die Kanonisierung der biblischen Schriften ging.

Am Rande bemerkt: Interessant wäre es, der Frage nachzugehen, ob die Unterschiede in den internationalen Vergleichsuntersuchungen von Schulleistungen nicht auch mit Orientierungskompetenzen zu tun haben, die sich auf das Verhältnis der Einzelnen zu der gestellten Aufgabe, auf ihr Verhältnis zu den eigenen Fähigkeiten, auch auf das jeweilige Verhältnis zu Vergangenheit und Zukunft beziehen. Besonders wichtig ist in diesem Zusammenhang die Frage danach, ob Menschen das Bewusstsein entwickeln können, von der Gesellschaft geschätzt und nicht aufgegeben zu werden. Zugespitzt gefragt: Haben andere Nationen ein anderes, ein besseres kulturelles Gedächtnis? Bildet sich im Rahmen eines solchen kulturellen Gedächtnisses mehr Zutrauen zu den eigenen Fähigkeiten, mehr Gefühl dafür, in der Gesellschaft dazuzugehören und Wert geschätzt zu sein? Auch solche Fragen, so glaube ich, muss man stellen.

5. Orientierungswissen im Lebenslauf

Der person- und subjektorientierte Ansatz eines evangelischen Bildungsverständnisses macht es erforderlich, bei der Entwicklung einer evangelischen Bildungskonzeption die unterschiedlichen Lebensphasen und Lebenslagen in Augenschein zu nehmen. Es geht um eine differenzierte Bestimmung der Lernorte und Bildungsinstitutionen, die im Blick auf den Lebenslauf der Einzelnen eine je spezifische Rolle spielen. Deswegen brauchen wir in der Tat einen Bildungsbegriff, der Lebenslagen und Lebenslauf übergreifend ist und die unterschiedlichen Stationen jeweils spezifischer Bildungsaufgaben mit gleichem Gewicht würdigt. Ich brauche diese Stationen hier nicht im Einzelnen aufzuzählen.

Die Bildungsarbeit der evangelischen Kirche ist in diesem Prozess in Kindertagesstätten, Schulen, diakonischen Unternehmen, Hochschulen und anderen Einrichtungen vielfältig engagiert. In diesen Prozess ist aber auch die besondere Bildungsverantwortung unserer Gemeinden, unserer Kirchen insgesamt hineinzudenken und einzupassen, die sich in Gottesdienst und Gemeindearbeit, in der Arbeit mit Kindern und Jugendlichen, in den Angeboten für Erwachsene, für Frauen und Männer wie für Senioren vollzieht. Manches tritt in ein klareres Licht, wenn man es unter dem Gesichtspunkt der lebenslauf- und lebenslagengemäßen Bildung betrachtet.

6. Orientierungswissen in der Pluralität

Vielfalt und Fremdes, Pluralität und Differenz stellen die Menschen vor ungewohnte Herausforderungen. Verschiedene Auffassungen von Werten oder Sinngebungen existieren nebeneinander und gelten als prinzipiell gleichberechtigt. Deshalb wird es auch das Orientierungswissen nur im Plural geben. Bei der Beschreibung der gegenwärtigen Situation greift man aber oft zu schnell zu der Aussage, wir lebten in einer multireligiösen und multikulturellen Situation. So dringlich es ist, sich in einer Gesellschaft zurechtzufinden, die durch kulturelle und religiöse Pluralität gekennzeichnet ist, so notwendig ist es doch zugleich, dass Menschen zu einer geklärten kulturellen und religiösen Identität finden. Wer andere verstehen will, braucht auch Klarheit darüber, wo er selbst zu Hause ist und was die eigene Identität prägt. Das Verstehen des Fremden und die Ausbildung einer eigenen Identität gehören unaufhebbar zusammen. Nur dann kann sich ausbilden, was unsere Gesellschaft besonders dringlich braucht: eine Kultur der Anerkennung. Die wechselseitige Anerkennung, die wir dabei um des Zusammenlebens willen brauchen, ist weit mehr als bloße Toleranz.

7. Orientierungswissen und religiöse Bildung

Auch wenn religiöse Bildung einen unverwechselbaren Beitrag zur Werteerziehung leistet, geht ihre Bedeutung doch weit darüber hinaus. Sie macht deutlich, dass Religion ein eigenständiger Bereich unseres Lebens und unserer Kultur ist. Sie vermittelt Kenntnisse und befähigt zu einem eigenen Urteil in diesem wichtigen Bereich. Sie lehrt, im Bereich religiöser Phänomene zu unterscheiden und dialogfähig zu sein. Sie bereitet junge Menschen darauf vor, vom Grundrecht auf Religionsfreiheit einen eigenständigen Gebrauch zu machen. In dieser Befähigung zur mündigen Inanspruchnahme des Grundrechts auf Religionsfreiheit sehe ich eine besonders wichtige Aufgabe des Religionsunterrichts. Gerade angesichts einer Tendenz, Religionsfreiheit vorwiegend nur noch als negative Religionsfreiheit, als Freiheit von der Religion zu verstehen, sollte man mit dieser Aufgabe des Religionsunterrichts sorgsam umgehen und überhaupt einen neuen Zugang dazu gewinnen, dass Religionsfreiheit eben vor allem anderen auch ihre positive Seite hat, Freiheit zur Religion ist und nicht nur von ihr. Im Blick auf diese Aufgabe verstehen wir den evangelischen Religionsunterricht als offen für alle suchenden und fragenden Schülerinnen und Schüler; aber wir geben seinen evangelischen Charakter deshalb nicht auf. Das schließt ein, dass wir ihn in guter ökumenischer Gemeinsamkeit und in ökumenischer Kooperation praktizieren, wo immer das geht und sinnvoll möglich ist.

8. Gottoffene Humanität

Bildung in evangelischem Verständnis zielt auf eine gottoffene Humanität. Evangelisches Bildungsverständnis nämlich versteht den Menschen als ein Beziehungswesen. Sein Menschsein verwirklicht sich in den Beziehungen, in denen sich seine Existenz vollzieht: in der Beziehung zu Gott, in der Beziehung zu den Mitmenschen und zur Mitwelt, in der Beziehung zu sich selbst. Gerade um dieser Beziehungen willen darf Bildung nicht auf das äußere Erlernen der Beherrschung von Mitteln beschränkt werden. Zu ihr gehört zugleich die Einübung in diese Beziehungen: eine Erziehung zur Wahrheit und damit auch zur Offenheit für die Gottesfrage, eine Erziehung zu Gerechtigkeit und Erbarmen und damit zu einer Kultur der Anerkennung im Miteinander der Menschen, eine Bildung für eine offene Zukunft, zu der die Sensibilität für die Bewahrung der Natur und für die Lebenschancen einer nächsten Generation gehört, und schließlich eine Bildung zur Kultur, nämlich zu einer perspektivenreichen Selbstthematisierung, die Ausbildung einer eigenen Identität mit einer respektvollen Wahrnehmung des Fremden verbindet.

Norbert Bensel

Welches Orientierungswissen brauchen wir in Wirtschaft und Gesellschaft?

Die Bedeutung von Orientierungswissen für ein Unternehmen hat zwei wichtige Dimensionen. Dies ist zum einen die soziale und gesellschaftliche Verantwortung, die ein Unternehmen hat und wahrnehmen muss. Ein zweiter Aspekt ist die Förderung von Werten und Maßstäben bei den Mitarbeitern, und was dies für uns als Arbeitgeber bedeutet.

Die gesellschaftliche und soziale Verantwortung von Unternehmen ist mittlerweile unstrittig. Allerdings wird häufig der Fokus der Debatte sehr stark auf Deutschland gerichtet. Meiner Ansicht nach müssen wir, gerade auch aus einer ethischen Verantwortung heraus, hier eine weitere Dimension in den Blick nehmen. Wir feiern uns immer als die Weltmeister im Export. Die andere Frage ist: Wie wirkt das auf die Länder, die die Verbraucher dieser Güter sind? Ist es nicht auch eine Aufgabe von global agierenden Unternehmen, ihre Verantwortung dort wahrzunehmen, wo der Verbrauch stattfindet? Dies ist aus meiner Sicht eine ethische Diskussion. DaimlerChrysler, Siemens oder andere global agierende Unternehmen haben nicht nur eine Verantwortung in Deutschland, sondern auch Verantwortung in Südafrika, in den USA oder in Asien. Auch diese Dimension der Globalisierung hat sehr viel mit Qualifizierung und Bildung zu tun.

Es freut mich, dass heute in der politischen Diskussion alle Parteien das Thema Bildung wieder ganz vorne auf die Agenda gesetzt haben. Es gab Jahre, da war das nicht so, und deswegen ist es schön, dass wir Bildung und Innovation derzeit als ein wichtiges Thema diskutieren. Und ich bin zutiefst davon überzeugt, dass das gesellschaftliche Bildungsniveau nicht nur eine Basis für die wirtschaftliche Leistungsfähigkeit ist, sondern auch für Demokratie und Freiheit, Toleranz und Weltoffenheit eines Landes, Selbstentfaltung, gesellschaftliche und soziale Verantwortung. Für die politische Zukunftssicherung spielt das Bildungsniveau eines Landes eine zentrale Rolle.

Das zweite ist der individuelle Bildungsstand, der für die berufliche Perspektive sicherlich auch wichtig ist. Er ist das Fundament, die Eintrittskarte für jedes Individuum, zu sozialer Gerechtigkeit, Chancengleichheit, Selbstverwirklichung. Und ich glaube, dass nur Menschen, die Bildung genossen haben und sich ein individuelles Bildungsniveau erarbeitet haben, in unserer Gesellschaft wirklich die Chance haben, eigenständige Entscheidungen zu fällen und auch in Konfliktfällen einen eigenen Weg zu gehen. Jeder, der mehr Bildung mitbringt, mehr Selbstbewusstsein gelernt hat, mehr Persönlichkeitsentwicklung genossen hat, kann sich in der Gesellschaft freier entfalten. Deswegen ist Bildung wichtig für die Eigenständigkeit der Persönlichkeit und für die Persönlichkeitsentwicklung.

Die Debatte „Bildung – verwertbar oder nicht verwertbar?" greift für mich zu kurz. Lassen Sie es mich umgekehrt ausdrücken: Ich bin froh, wenn ein Teil der Bildung auch verwertbar ist, dies ist für mich keineswegs ein kritischer Punkt. Ja, Bildung soll auch verwertbar sein, und Sie haben dies mit dem Motto der Veranstaltung ganz klar aufgezeigt. Können und Handeln sollen sich aus Bildung und Wissen entwickeln. Zu einem ganzheitlichen Bildungsansatz gehören natürlich Werteorientierung und -vermittlung – aber eben auch die Verwertbarkeit, das heißt die Anwendbarkeit im Alltag und im Arbeitsleben.

Lassen Sie mich dann kurz auf die unternehmerische Sicht eingehen. Ein Unternehmen kann nur in einem intakten gesellschaftlichen Umfeld agieren und muss dort einen Beitrag leisten. Das Beispiel des Unternehmers aus Baden-Württemberg hat mir sehr gut gefallen,[1] der sagt: „Ich stelle zehn Prozent Azubis und Praktikanten ein, von denen ich weiß, dass sie die Eignung für unsere Ausbildungsberufe nicht mitbringen." Diese Form der Qualifizierung junger Menschen finde ich eine sehr wichtige gesellschaftliche Aufgabe und einen wesentlich intelligenteren Schritt als eine Ausbildungsplatzabgabe. Das ist aktives Arbeiten am Problem, und wir müssen mit solchen Projekten verstärkt dafür sorgen, dass auch Minderheiten bei uns Chancen haben. Das Erschreckende der PISA-Studie ist ja gerade, dass Migrantenkinder bei uns schlechtere Chancen haben als woanders, dass soziale Herkunft eine entscheidende Rolle für die Zukunft spielt und dass die Barrieren für eine individuelle Entwicklung in Deutschland größer sind als in anderen Ländern. Das muss uns allen in der Gesellschaft zu denken geben: Politik, Kirchen, Unternehmen, Schulen, Hochschulen. Hier brauchen wir schnelle Antworten. Wir können es uns weder gesell-

1 Vgl. den Beitrag von Robert Leicht in diesem Band.

schaftspolitisch noch wirtschaftlich leisten, 10 Prozent, 15 Prozent eines Jahrganges auszugrenzen. Hier sind wir alle gefordert, hier brauchen wir Antworten, und hier müssen Politik, Unternehmen, Schulen und Kirchen zusammenarbeiten, um für diese Zielgruppen Antworten zu finden. Wir selber tun das, indem wir mit Schulen kooperieren: und zwar nicht nur mit den Schulen, mit denen es schick ist und die Leistungskurse in Englisch und Wirtschaft anbieten, sondern auch mit Schulen in sozialen Brennpunkten. Jeder, der hier einmal die tägliche Praxis genauer ansieht, versteht die Verantwortung, die wir hier, selbst in Orten wie Berlin, haben und wahrnehmen müssen.

Unternehmen haben eine Verantwortung, die Gesellschaft und das soziale Umfeld mitzugestalten. Wir haben aber auch die Verantwortung, unsere Mitarbeiterinnen und Mitarbeiter fachlich zu qualifizieren und zu Persönlichkeiten weiter zu entwickeln. Insbesondere haben wir die Verantwortung, uns um die älteren Mitarbeiter stärker zu kümmern – ein Thema, das besonders vor dem Hintergrund der demographischen Entwicklung immer mehr Relevanz hat. Die letzten Studien der OECD haben gezeigt, dass Deutschland bei der Qualifizierung von Mitarbeitern ab fünfundvierzig Jahren im europäischen Durchschnitt weit hinten liegt. Wir haben also nicht nur Handlungsbedarf bei den Jugendlichen, sondern auch bei den älteren Menschen. Auch das ist ein wichtiger Punkt, wenn wir über Generationengerechtigkeit und über das Zusammenspiel älterer und jüngerer Menschen in unserer Gesellschaft sprechen. Es ist, denke ich, auch ein zentraler Punkt in Zeiten von dramatischem Veränderungs- und Reformdruck: Wir müssen die Widersprüchlichkeiten aufgreifen, anstatt zu versuchen, sie weg zu diskutieren. Es bringt überhaupt nichts zu sagen: „Und jetzt arbeiten wir alle bis dreiundsechzig und die Unternehmen müssen das realisieren." Wenn keine oder wenig Arbeit vorhanden ist, muss sich die Diskussion ändern. Sicherlich haben wir in Deutschland auch ein Vermittlungsproblem. Aber wir haben primär strukturelle Probleme und Schieflagen: Die bezahlte Arbeit geht zurück, die Anforderungen an den Job steigen. Die Lohnnebenkosten sind zu hoch und damit ist Arbeit zu teuer. Daran müssen wir arbeiten, und diese Diskussion, so schwierig sie ist, in den Kontext der Employability und des lebenslangen Lernens stellen: Was ist der Beitrag jedes Einzelnen für seine lebenslange „Employability"? Was muss jeder Einzelne dafür tun, um den Anschluss nicht zu verlieren? Es kann und darf nicht sein, dass man immer auf den Staat, auf die

Unternehmen schaut, sondern hier hat jeder Mitarbeiter, jeder Bürger auch, selbst die Verantwortung, sich auf dem Laufenden zu halten und sein Qualifikationsprofil, sein Kompetenzprofil weiter zu entwickeln, fachlich, wie auch persönlich. Das müssen wir fordern, aber natürlich auch fördern. Wenn wir über Zukunftsfähigkeit reden, dann muss man deutlich machen, dass Employability und Qualifizierung künftig auch in der Verantwortung der Mitarbeiterinnen und Mitarbeiter liegt.

Lebenslanges Lernen stellt für viele Unternehmen eine große Herausforderung dar. Wir wissen, dass gerade in einem Dienstleistungsunternehmen wie der Bahn die Qualität und die Qualifikation der Mitarbeiter eine entscheidende Rolle spielen. Im Übrigen hat auch Dienstleistungsmentalität etwas mit Kultur- und mit Werteorientierung zu tun. Unser Leitbild spiegelt das. Es enthält Werte wie Vertrauen und Respekt, Wertschätzung und Verlässlichkeit gegenüber Mitarbeitern, Kunden und Kollegen. Unsere Führungskräfte werden daran gemessen, diese Werte auch umzusetzen. Nun ist es aber so wie immer im Leben, dass man bisweilen auch gegen Werte verstößt. Wichtig ist deshalb, dass auch unsere Mitarbeiter wissen, dass sie diese Werte einfordern können. Die Dialog- und Diskussionskultur wird damit gestärkt, Mitarbeiter haben eine Chance zu sagen: Hey, das war nicht in Ordnung. Hier haben wir eine andere Vereinbarung. Das zweite, was wir immer wieder verstärken müssen und was wir auch fördern, ist das gesellschaftspolitische Engagement unserer Mitarbeiter. Wir bilden bei der Bahn 8 200 Auszubildende aus und haben für diese im ersten Ausbildungsjahr einen großen Projektwettbewerb aufgesetzt, in dem es darum geht, mit schwierigen Situationen umzugehen, Toleranz gegenüber Ausländern zu zeigen, Toleranz gegenüber Minderheiten zu beweisen. Das Projekt heißt „Bahn-Azubis gegen Hass und Gewalt". Hier wird zum Beispiel mit Förderschulen gearbeitet oder es werden Projekte zum Umgang mit Ausländern initiiert. Das ist ein wichtiges Thema, um neben der Fach- und Methodenkompetenz bei unseren Mitarbeiterinnen und Mitarbeitern und unseren Auszubildenden mehr Offenheit, Toleranz, Initiative und Engagement zu fördern. Das sind Punkte, mit denen wir aktiv unsere Auszubildenden und unsere Mitarbeiter ermutigen, sich auch mit der Gesellschaft in ihrer Gesamtheit auseinander zu setzen und sich sozial zu engagieren. Auch innerhalb der Ausbildung geben wir die Möglichkeit, die eigene Persönlichkeit weiter zu entwickeln, beispielsweise durch sozialpädagogische Seminare. Ein anderer wichtiger Punkt, der für die

Kultur der Bahn eine große Rolle spielt, ist das Bahnsozialwerk, eine 100 Jahre alte Selbsthilfeorganisation, in der sich Mitarbeiterinnen und Mitarbeiter der Bahn ehrenamtlich um Kollegen oder Pensionäre kümmern, die in Not geraten sind. Bahner treten für andere Bahner ein – auch in der Freizeit, und dieses Engagement unterstützen wir selbstverständlich. Es ist wichtig, auf den Erfahrungen der Vergangenheit aufzubauen, um die Veränderungen der Zukunft neu zu gestalten. Und gerade in einem Unternehmen wie der Bahn, das sich in einem solchen Umbruch befindet – in den letzten 10 bis 14 Jahren wurde allein die Hälfte der Belegschaft abgebaut –, ist es sehr wichtig, dass auch in schwierigen Situationen eine Wertorientierung gelebt wird. Ich behaupte nicht, dass das immer gelingt. Aber wir sind sehr darum bemüht und unterstützen unsere Mitarbeiter und Führungskräfte auch in schwierigen Prozessen, die Wertschätzung der anderen nicht zu vergessen, den Menschen zu sehen und den Menschen auch in einer schwierigen Situation anzunehmen und ihm zu helfen, diese schwierige Situation zu bewältigen. Das ist nicht einfach, das ist eine große Herausforderung für die Mitarbeiter, die betroffen sind, für die Vorgesetzten, die an diesem Prozess beteiligt sind, für Gewerkschaften und Betriebsräte. In solchen Situationen zeigt es sich, ob eine Unternehmenskultur und eine Werteorientierung im Unternehmen tragfähig sind. Diskussionen an Stellen, wo wir sehen, dort wird nicht so gehandelt, wie wir es wollen, gehen wir aktiv an. Und dies ist letztendlich der Punkt, an dem sich Werteorientierung beweisen muss.

Die Veränderungen, die wir beobachten: hin zur Globalisierung, hin zur Dienstleistungsgesellschaft, hin zur Wissensgesellschaft, bringen auch Veränderungen in den Unternehmen und für die Mitarbeiter mit sich. Wenn Sie heute die Mitarbeiter der Dresdner Bank ansehen, was sie an Veränderungen mitmachen mussten durch die Übernahme der Allianz, oder auch mittelständische Unternehmen, die heute zunehmend aufgekauft werden und wo die Produktion ins Ausland verlagert wird, wird das Ausmaß teilweise deutlich. Das sind Herausforderungen, die wir alle gemeinsam angehen müssen. Denen, die zurück bleiben, müssen wir helfen, eine Basis und eine neue Perspektive aufzubauen. Trotz des Tempos, das diesen Prozess bestimmt, bei dem wir nicht mehr die Zeit haben, immer nur über das Wann und Wie nachzudenken, sondern direkt an die Umsetzung gehen müssen, dürfen wir nicht die Orientierung an unserem Werteverständnis verlieren.

Heinz-Elmar Tenorth

Welche Orientierung liefern Tests und Standards dem Bildungssystem (nicht)?

Ich hatte die Frage „Welche Orientierung liefern Tests und Standards dem Bildungssystem?" als Auftrag an mich verstanden, weil ich in den letzten Jahren im Kontext der Bildung von Standards gearbeitet habe. Ich will diese Perspektive nicht programmatisch aufnehmen, da ich den Eindruck habe, dass die Programmatik schon stark zur Geltung gekommen ist, sondern aus der Beobachterperspektive, auch weil meine Perspektive im Kontext von Bildungsstandarddebatten eher eine distanzierte, beobachtende ist. Ich will das so tun, dass man – vielleicht zugespitzt – das Bildungsverständnis sieht, das solchen Überlegungen zu Grunde liegt, die dann politisch als Bildungsstandards erlebt werden.

Zwei Vorbemerkungen:

Erstens: Mein eigenes Bildungsverständnis ist ganz einfach. Ich zitiere den leider zu früh verstorbenen Berliner Erziehungswissenschaftler Saul B. Robinsohn. Er hat ganz lapidar gesagt: „Bildung ist Ausstattung zum Verhalten in der Welt." Es gibt auch eine emphatische Deutung von Bildung: Bildung bezeichnet das grundsätzliche Verhältnis des Menschen zu sich selbst und zur Welt, in der er lebt. Und man kann Bildung pragmatisch beschreiben (damit nähert man sich dann der Bildungsstandarddebatte): Unter dem Thema Bildung werden in Gesellschaften wie der unseren die notwendigen Prämissen und generalisierungsbedürftigen Voraussetzungen für Kommunikation diskutiert – die Frage nämlich, wie wir uns darauf verlassen können, dass es so etwas gibt wie einen Verständnishorizont und eine gemeinsame Kommunikationsbasis für alle, die in dieser Gesellschaft aufwachsen. Der Rest der Bildungsdiskussion ist bezogen auf die Schule. Vieles von dem, was bisher gesagt worden ist, war nicht auf die Schule spezifiziert. Vieles muss man aus der Perspektive einer schulorientierten Bildungstheorie auch ausdrücklich als Überforderung abweisen; gelegentlich wurde das eingeräumt.

Bezogen auf Orientierung und Werte will ich aber auch mein Verständnis festhalten: Die Schule ist für mich *nicht* der Ort, an dem Werte primär normativ verinnerlicht, internalisiert und im Modus der Identifikation gelehrt werden. Sie lehrt nicht primär Werte, sondern sie lehrt Möglichkeiten der begründeten und begründenden Bewertung. Sie ist Agent der Auswahl von Orientierungen und des Ausschlusses unerwünschter Prämissen in einer Welt legitimer Pluralität, aber sie ist nicht der Ort, an dem man im Grunde primär Identitäten stiftet. Und ich füge hinzu: Gott sei Dank – sonst würde ich meine Kinder nicht mehr dorthin schicken. Ihre Identität sollen sie nämlich im Leben finden und nicht allein durch die Lehrer oder die Schule.

Zweitens: Worum geht es, wenn man über Bildungsstandards spricht? Es geht um Prozesse der *notwendigen Kanonisierung von Prämissen für das Leben*, also der Festsetzung von Standards, die man hier und jetzt, gesellschaftlich und staatlich, als Ergebnis schulischer Bildungsarbeit erwartet. Und das spielt sich zwischen zwei Polen ab, die die Verfallsformen von Kanonisierung beschreiben. Die eine Verfallsform ist die der Indoktrination, wenn nämlich der Staat seine Vorstellungen über das erwünschte Verhalten in der Welt durchsetzen will, ohne die Pluralität der Kulturen anzuerkennen und also das Verbot der Überwältigung der Lernenden ignoriert. Die andere Verfallsform von Kanonisierung ist das Laisser-faire, wenn Gesellschaften nicht mehr fähig sind, das zu thematisieren und zu diskutieren, was man kanonisieren soll und will, der Normativität des Faktischen erliegen und damit auch den Lernenden in der Schule die Notwendigkeit der Begründung eigener Lebensentwürfe verweigern, indem sie ihnen nicht plurale Offerten machen, sondern sie in eine Welt stoßen, in der alles gleichgültig ist.

Bildungsstandards

Was leistet in diesem Kontext die Debatte über Bildungsstandards? Sie ist eng, bescheiden, pragmatisch und dennoch höchst konstruktiv. Sie tut nämlich etwas nicht, was dem Bildungsdiskurs bis heute schadet: das Überwuchern von Vorgaben, die unrealisierbar und nicht einlösbar sind, die Bilder schöner Welten zeichnen, aber nicht sagen, was wirklich Realität werden kann. Insofern sollen Standards alte Lernzielvorgaben ablösen, den Neuaufbau des Lernens ermöglichen, die Qualität von Unterricht sichtbar und messbar machen und ein Minimum an Einheit in den Leistungen stiften. Das alles sollen sie tun, ohne die Praxis lokal zu vereinheitlichen.

Es gibt solche Standards seit 2003 für den mittleren Abschluss, also für das Ende der neunten oder zehnten Klasse in den Kernfächern Deutsch, Mathematik und für die erste Fremdsprache. An weiteren Standards wird gearbeitet, für die vierte Jahrgangsstufe, also für das Ende der Grundschulzeit und in Kürze vielleicht auch für die Sekundarstufe II und die Oberstufe. Bis dahin wird man die Standards für die weiteren Fächer der Grundbildung ausarbeiten und das ist Arbeit genug. Die Kultusministerkonferenz hat aber erstaunlicherweise zweieinhalb Millionen Euro pro Jahr für ein Institut bereitgestellt (das an der Humboldt-Universität eingerichtet wird), um an solchen Standards zu arbeiten, und sie hat sich rasch und erstaunlich schnell auf diese Arbeit geeinigt.

Was ist unter Bildungsstandards zu verstehen? Bildungsstandards „formulieren Anforderungen an das Lehren und Lernen in der Schule. Sie benennen Ziele für die pädagogische Arbeit, ausgedrückt als erwünschte Lernergebnisse der Schülerinnen und Schüler. Damit konkretisieren Bildungsstandards den Bildungsauftrag, den allgemeinbildende Schulen zu erfüllen haben." Es geht um „Kompetenzen, welche die Schule ihren Schülerinnen und Schülern vermitteln muss".[2]

Was ist damit gemeint? Es handelt sich um Kompetenzen, die präzise auf einen bestimmten Lernstand im Entwicklungsgang bezogen werden, auf eine bestimmte Jahrgangsstufe: vier, neun, dreizehn oder zwölf. Es sind Kompetenzen, die nicht im Allgemeinen formuliert werden, wie die Schlüsselqualifikationen, die wir alle kennen, sondern die fachspezifisch formuliert werden; das „domänenspezifisch" zu nennen, legt man uns nahe. Und es sind Kompetenzen, die die Domänen relativ eindeutig im Kontext herkömmlicher Lehrplantheorien fixieren können. Es gibt die Einheit, wie ich sehe, von vier Domänen: sprachliche, mathematische, naturwissenschaftliche sowie historische und sozialwissenschaftliche Kompetenzen. Und jeder, der die Bildungsgeschichte kennt, weiß, dass das nichts anderes wiederholt als das, was Wilhelm von Humboldt in seinem Königsberger Schulplan 1810 von

---

2 Eckard Klieme u.a., Zur Entwicklung nationaler Bildungsstandards. Eine Expertise, Bonn 2003, S. 19.

der allgemeinbildenden Schule erwartet hat. Es geht hier also immer nicht allein um Kenntnisse, sondern um Grundformen der Erschließung von Welt. Und die Kompetenz, die die Lernenden in diesen Bereichen erwerben sollen, ist die der Übertragung der domänenspezifischen Kompetenz auf alltagsweltliche Probleme. An den PISA-Aufgaben erkennt man das Muster, an dem man messen kann, wie solche Aufgaben aussehen.

Wenn man emphatisch ausdrückt, was das allgemeine Ziel, die grundlegende Kompetenz, die Basisfähigkeiten sind, die hier mit angezielt werden, lässt sich das ganz knapp resümieren: Man wird (I) fähig, sich in der eigenen Welt zu orientieren und mit fremden Welten zu kommunizieren. Man versteht (II) die Modellierbarkeit der Welt in Theorien der Naturwissenschaften und der symbolischen Strukturen der Mathematik und ist fähig, ihre Nutzung und Gestaltung als Möglichkeit des Handelns zu sehen und dabei (III) Normen und Traditionen der eigenen und anderer Kulturen kommunikativ-handelnd zur Geltung zu bringen, sie auch auf ihre Geltung hin zu prüfen, und das alles so, dass man (IV) das eigene Leben dabei organisiert. Mehr darf man gar nicht erwarten.

Kanonisierungsprozesse

Strittig ist nicht diese Vorgabe, die strittige Frage ist die curriculare Umsetzung: Was gibt man in die Schule rein? Das ist kontrovers, denn alle Kanonisierungsprozesse sind Kämpfe um kulturelle Hegemonie. Man darf sich darüber überhaupt keine Illusionen machen. Jeder ist beteiligt an solchen Kämpfen um kulturelle Hegemonie. Wenn man bestimmte Elemente als diesem Kanon von Themen zugehörig definiert oder ausgrenzt, nimmt man an diesen Kämpfen teil. Deshalb nenne ich zwei Beispiele für andere als die von mir genannten curricularen Optionen – natürlich klassische, weil das mein Metier ist.

Johann Gottfried Herder hat in vier Punkten festgehalten, was notwendig sei: „1. Muttersprache – vernünftig sprechen und schreiben lernen. 2. Geschichte und Geographie – denn die Welt verändert sich so wie die Grundsätze der Völkerregierungen. 3. Die nützlichen Wissenschaften und Künste. 4. Wahrhafte Religion.“ Sie sehen den ersten Dissens. In den Dimensionen bei Humboldt ist die „wahrhafte Religion“

nicht enthalten. Dahinter steckt ein – bezogen auf den Kanon des notwendigen Wissens – zentraler Differenzpunkt. Bei Humboldt kommt die Religion als Teil des historischen Feldes vor, also nur als soziale Tatsache. Und die Kompetenz, die die Humboldtsche Schule ihren Adressaten vermitteln will, ist auch, mit dieser sozialen Tatsache Religion umzugehen, und zwar im Modus von Bildung, nicht im Modus von Bekenntnissen. Bildung ist in diesem Sinne eine liberale bei Humboldt und eine eher in der deutschen Tradition geprägte religiöse bei Herder.

Die Kontroverse zieht sich bis in die Gegenwart. In meinen eigenen Texten würde ich Humboldt favorisieren, Jürgen Baumert, der sich seit PISA auch an der Konstruktion solcher Orientierungsdimensionen des Wissens versucht, vereint Philosophie und Religion in einer eigenen vierten Dimension, neben Sprache, Geschichte und Mathematik-Naturwissenschaften. Die Bildungsstandarddebatte lässt diese Frage im Grunde unthematisiert. Bisher hat niemand versucht, Bildungsstandards für den Religionsunterricht zu formulieren, obwohl das natürlich nicht unmöglich ist, wenn man meinen Kollegen Rolf Schieder fragt, der sich zur Zeit daran versucht. Es ist auch nicht unmöglich, Bildungsstandards für soziales Verhalten zu formulieren – es gibt eine große Debatte über die Messbarkeit von civic education und ihrer Effekte. Im Blick auf ästhetische Kompetenzen ist zu sagen, dass es diese Debatte nicht gibt, und ich hoffe immer noch, dass sie uns erspart bleibt. Es ist noch zu diskutieren, ob es sinnvoll ist, sie in ein gleiches Muster hinein zu bringen. Aber dass die ästhetische Dimension zur Bildung gehört, darüber will ich überhaupt keinen Streit entstehen lassen.

Outputorientierte Steuerung und Mindeststandards

Man sollte einen weiteren Aspekt hinzu nehmen, um die neue Aufgabe und den Wechsel im Paradigma der Bildungspolitik vollständig zu verstehen. Er kursiert unter dem etwas technischen Titel der *outputorientierten Steuerung* des Bildungssystems. Standards sind keine Vorgaben für die einzelschulische Arbeit wie die bisherigen Lernziele. Standards sind Referenzsysteme, um zu gegebener Zeit, gelegentlich, so wie bei PISA und anderen Studien, die Leistungen der Schule zu messen und zwar so, dass man Leistungen von Schülerinnen und Schülern misst und sie als Leistungen der Schule interpretiert. Das ist die wichtige Umkehrung: Man misst Leistungen von Schülerinnen und Schülern, um Aussagen über die Leistungen der Schule zu gewinnen. Standards sind nichts anderes als die Referenzgröße zur Messung. Sie dienen also nicht der lernzielorientierten operativen Steuerung des Unterrichts im Alltag und geben kein Curriculum für den Alltag vor. Standards sind nichts anderes als die Messlatte, auf die wir uns im Blick auf unser nationales Bildungssystem verständigen – nicht mehr, aber auch nicht weniger.

Deshalb müssen Standards bestimmten *Kriterien* genügen, von Fachlichkeit über Kumulativität bis Verbindlichkeit (etc.). Ich nenne eines ausdrücklich, das wirklich die Zäsur markiert, vielleicht auch eine Zäsur im Kontext der heutigen Debatte, nämlich *Realisierbarkeit*. Es wird kein Standard akzeptiert, von dem man nicht sicher sagen kann, dass er sich realisieren lässt. Und dass er sich auf einem Niveau realisieren lässt, bei dem Schulen das Erreichen von *Mindeststandards* garantieren können. Wenn man diese beiden Aspekte – der Realisierbarkeit und der Mindeststandards – in den Blick nimmt, kann man sehen, was diese Diskussion und der Teil der Erziehungswissenschaft, der sich an ihr beteiligt, heute wirklich sagen kann. Das erste ist: Standards normieren nicht alles. Sie normieren nicht die gesamte Schularbeit. Sie normieren überhaupt nicht den Weg, auf dem sie realisiert werden. Sie lassen die ganze Frage der Konkretisierung, der Umsetzung, der Realisierung sowohl didaktisch wie methodisch wie curricular unbestimmt in dem Sinne, dass sie lokaler Konkretion bedürfen. Letztlich sind Standards also Instrumente, die überhaupt nicht wirklich werden, ohne dass die Einzelschule arbeitet.

Standards sind deswegen auch nicht mit den Maßstäben zu vergleichen, wie sie Wolfgang Huber etwa als Kriterien formuliert hat oder die Hartmut von Hentig als Maßstäbe für Bildungsprozesse genannt hat, um zu messen, ob sie durch Bildung realisiert werden: Hentig nennt „Abwehr und Abscheu von Unmenschlichkeit, Wahrnehmung von Glück, die Fähigkeit und den Willen, sich zu verständigen, ein Bewusstsein von der Geschichtlichkeit der eigenen Existenz, Wachheit für letzte Fragen und" – ein doppeltes Kriterium – „die Bereitschaft zur Selbstverantwortung und Verantwortung in der res publica". Solche Maßstäbe wie die von von Hentig sind nicht Bildungsstandards in dem Sinne, wie die aktuelle Diskussion sie nennt. Von Hentig sagt selbst, dass sie anders funktionieren, dass ihr Referenzraum das Leben im Ganzen ist und dass sie sich der Messbarkeit entziehen. Bildungsstandards sind dagegen pragmatische, realisierbare, fachbezogene Vorgaben.

Die zweite Zäsur und der zweite Wechsel, der damit eintritt, den würde ich als die strikte *Umkehr der Beweislast bei Erfolg und Misserfolg schulischer Arbeit* bezeichnen. Bisher haben in der Praxis Schulen im Grunde ihren Erfolg und ihren Misserfolg auf Schülerinnen und Schüler attribuiert. Und wenn sie Misserfolg hatten, blieben die Schüler sitzen oder sie wurden von Gymnasien rückversetzt in Realschulen und von Realschulen rückversetzt in Hauptschulen und von Hauptschulen ausgewiesen in Sonderschulen. Die Bildungsstandarddebatte geht von einem anderen Prinzip aus, indem sie nämlich – und das verbindet sie mit der Erwartung der Sicherung von Mindestniveaus – der Schule die Verantwortung dafür gibt, dass sie für alle Lernenden in ihrer Institution diesen Mindeststandard und dieses Mindestniveau erfüllt. In den USA gibt es eine eigene Bewegung: „No child left behind" ist die Losung für ihre Programmformen und es ist Aufgabe der Schule, das zu leisten. Die Ursachen von Erfolg und Misserfolg werden nicht mehr den Lernenden zugeschrieben, sondern der Anstrengung und der Arbeit der Institution. Insofern sind die Mindeststandards eine Aufforderung an die Institution, ihre eigene Praxis so zu organisieren, dass dieses Mindestniveau gesichert wird.

Das geht nur, wie wir wissen, wenn wir die Einzelschule in ihr Recht setzen; das geht nur, wenn die Einzelschule sich selbst ihr Programm gibt; das geht nur, wenn das Realität wird, was inzwischen das Berliner Bildungsgesetz und Schulgesetze anderer Bundesländer vorsehen: lokale Schulprogramme, Verantwortlichkeit der Einzelschule, Entwicklung eigener Bildungsgänge, Festsetzung curricularer Arbeit, Verzahnung der Arbeit von Eltern, Lehrkräften, Schülerinnen und Schülern und des Gemeinwesens. Alles das steht so im Berliner Bildungsgesetz und ich hoffe, Klaus Böger, der Berliner Schulsenator, weiß, welchen Sprengstoff er in die Berliner Schullandschaft hinein gegeben hat. In diesem Gesetz findet man die Verlagerung der Verantwortung an die Einzelschule. Alles, was hier heute über die protestantische Kultur gesagt worden ist, gehört deshalb auch hierher, in den lokalen Kontext, in die Erziehungsgemeinschaft – und zwar dorthin, wo die Schule als Raum der Öffentlichkeit und nicht des Staats begriffen wird, wo sie Aufgabe der Nation im klassischen Sinne und nicht der Gesellschaft wird. Insofern gehören Standardisierung auf zentraler Ebene, die daran orientierte Messung und lokale Autonomie zusammen. Dann weiß man nicht mehr schon vorher, was Bildung jenseits der fachlich ausgewiesenen Mindeststandards ist, aber man weiß, dass man Milieus und Institutionen zur Arbeit ermuntert.

Mit der *Autonomie der lokalen Schulkultur* verbinde ich ein Verständnis von Schule, das sie im Wesentlichen als Praxis einer je spezifischen Schulkultur, in ihrer eigenen Werthaftigkeit und in den Prämissen des Zusammenlebens darstellt und artikuliert. Das ist der Punkt, an dem in der Schule viel mehr geschieht, als man sich curricular denkt oder vorgibt und in Standards messen will. Die gegenwärtige Diskussion bezieht Erziehung ausdrücklich ein, aber nicht primär curricular, sondern so, dass die Lehrform, die Praxis der Schullehre, die Lernkultur, die Realität, in der das fachliche Lernen praktiziert wird, zum Fokus dafür wird, was die „großen" Ziele sind. In gewisser Weise ist die Konzentration auf fachliche Lernziele und auf systematisches Lernen und auf Fragen der sozialen Organisation des Lernens eine Art Latenzschutz für die „großen" Ziele.

Bildungsstandards werden oft unter dem Aspekt der *Ökonomisierung* diskutiert. Ich habe dafür plädiert, die Standards nicht als Instrument von Ökonomisierung zu interpretieren. Es ist – emphatisch gesagt – im Grunde eine ethisch zwingende Forderung der Gesellschaft an die Schule, zum Wohle derjenigen, die wir der Schule anvertrauen: etwas zu leisten, das sie ansonsten verspricht, aber nicht nachprüfbar sichert. Insofern gehört Ökonomisierung auch zu den Betriebsprämissen im System. Effizienz von Bildungsarbeit halte ich für keine falsche Frage, sondern für eine richtige Frage.

Eine andere Frage ist, ob ein bestimmtes Verständnis von Ökonomie Teil dessen sein soll und kann, was curricular allgemeine Bildung bestimmt. Das kommt ja bisher in den Lehrplänen eher randständig vor, zum Beispiel in der Mittelstufe, und viele fordern ein eigenes Fach. Bei der Lehrplanarbeit in Berlin kann man auch wieder sehen, wie schwierig es ist, neben Fragen der Politik auch Fragen der Ökonomie in den Lehrplan hinein zu bekommen. Man sollte aber sehen, dass unterschiedliche Verständnisse von Ökonomie thematisierbar sind in dem, was die Schule leistet.

Ich bin mir noch nicht sicher, ob die Ökonomie so nahe an sozialethische Prämissen anknüpfen kann. Aber: Wenn wir nicht eine Kompetenz erzeugen, die als Humankapital des je einzelnen Individuums, als sein kulturelles Kapital, ihm hilft, seinen Lebenslauf zu organisieren, machen wir einen Fehler. Ich halte nichts davon, einen Gegensatz zwischen Persönlichkeitsbildung hier und Verwertbarkeit meiner Qualifikation dort zu konstruieren. Das reißt den Menschen in einer Weise auseinander, die ich unverantwortlich finde. Ich finde es unverantwortlich, dass wir immer noch 10 bis 15 Prozent Schulabsolventinnen und -absolventen haben ohne Zeugnis und ohne Kompetenz, dass Lehrer nicht im Stande sind, funktionalen Analphabetismus zu erkennen, und die Menschen trotzdem wieder zurückgeben auf die Straße.

Eine letzte Bemerkung gilt den *Mindeststandards*, für die ich eine Lanze brechen will, da sie häufig falsch interpretiert werden, so als wollte man mit ihnen Anstrengung und höhere Ansprüche verhindern. Wenn man die Umkehrung der Beweislast akzeptiert, dann sieht man, dass es nicht darum geht, Anstrengung zu verhindern. Mindeststandards markieren die Pflicht der Institutionen und meinen nicht die Bildungsfähigkeit des Einzelnen. Mindeststandards sind wichtig bei der gegenwärtigen Ausgangslage:

Die selbstständige Handhabung der basalen Kulturtechniken ist als Regelleistung von der Schule zur Zeit nicht zu erwarten. Berufsfähigkeit und die Fähigkeit zur Wahl eines Berufs und der Konstruktion des Lebenslaufs kann man nicht generell unterstellen. Teilhabe an formalisierter schulischer Bildung, gemessen nur mit den trivialen Indikatoren der Dauer des Aufenthalts im Bildungssystem, korreliert ganz hoch mit den Möglichkeiten in der Gestaltung des eigenen Lebenslaufs, beginnend mit der Stabilität von Arbeitsverhältnissen, dem Risiko der Arbeitslosigkeit und der Bereitschaft zur Weiterbildung.

Alles das zu ermöglichen, ist Mindeststandard, und unsere Schulen sichern ihn gegenwärtig nicht. Die grundlegende Orientierung des autonomen Werts von Bildung wird in unserem Bildungssystem offenbar nicht durchgesetzt. Es wird nicht erreicht, das Lernen des Lernens zu lernen, die Bereitschaft, den eigenen Lebenslauf als Bildungsprozess jenseits von Resignation und Fatalismus zu verstehen, sodass man bereit ist, Probleme, die im Alltag begegnen, als Aufforderung zum Lernen aufzufassen, sie jedenfalls nicht mit Gewalt zu beantworten, und dass man vielleicht fähig wird, in kommunikativer Verständigung mit anderen die Welt gestalten zu wollen. Das ist Mindeststandard, den sichern wir nicht. Alles, was darüber hinausgeht, sind die schönen Bilder der Bildungstheorie. Die sind nicht überflüssig, aber für die Schule nachrangig.

Jan-Hendrik Olbertz

Orientierungswissen im Bildungssystem – Welche Orientierung bietet die Schule?

Als jemand, der von Berufs wegen über Ihr Thema seit Jahren nachzudenken hatte – und glauben Sie bitte nicht, dass ich damit zum Abschluss gekommen wäre –, will ich den Versuch wagen, eine Balance zu finden zwischen dem, was meine neue Erfahrungswelt in der Politik mir vermittelt, und dem, was mich in der Zeit davor geprägt hat.

Zunächst einmal ist festzustellen, dass es in Deutschland eine erstaunliche Renaissance des Themas Bildung gibt, die einem durchaus auch verdächtig erscheinen kann. Äußerlich veranlasst ist sie durch das eklatant schlechte Abschneiden der jungen Deutschen bei internationalen Schulleistungsvergleichen. Wir haben hier in Deutschland nicht nur punktuell Probleme. Die enorme Heterogenität der PISA-Ergebnisse führt uns vielmehr bis an die Grenze dessen, was uns die Verfassung auferlegt, nämlich Gleichheit der Chancen junger Leute in ganz Deutschland herzustellen. Natürlich freue ich mich über den relativen Erfolg der befreundeten süddeutschen Bundesländer bei den PISA-Studien und bin gern bereit, Referenzmodelle gelingenden Schulehaltens zu studieren. Aber in der Gesamtbalance beruhigt mich das nicht. Denn auch Bayern sei, so hat das Jürgen Baumert einmal ausgedrückt, nur das Bremen Kanadas. Er rekurrierte darauf, dass diejenigen deutschen Länder, die bei PISA am besten abgeschnitten haben, etwa auf einem Niveau mit den Provinzen Kanadas liegen, die dort die schlechtesten Ergebnisse aufweisen. Dieser Vergleich soll den Erfolg einzelner Bundesländer nicht in Frage stellen, er zeigt jedoch, wie substantiell, wie tiefgreifend die Probleme sind, vor denen wir stehen. Auf jeden Fall sollten wir uns nicht dazu hinreißen lassen, mit schnellen Schuldzuschreibungen oder monokausalen Begründungsmustern die Ursachen dieser Bildungskrise erklären zu wollen. Dann wären wir sehr schnell dabei, sie entweder den Lehrern und Lehrerinnen und damit der Institution Schule anzulasten oder den Eltern beziehungsweise – was am schlimmsten wäre – den Kindern, den jungen Leuten selbst. So einfach ist die Welt nicht. Allerdings kann und muss man an die gemeinsame Verantwortung der genannten Instanzen appellieren.

Welche Gründe für die Bildungskrise lassen sich ausmachen? Ich denke, es sind mindestens drei, die miteinander eng verwoben sind:

Der erste Grund klingt sehr abstrakt: Wir haben es offenbar mit den Folgen gesellschaftlicher Wandlungs- und Modernisierungsprozesse zu tun, die heute eine solche Dynamik erlangt haben, dass sie das vergleichsweise konstante und beharrliche System Schule als Organisationsform zunehmend überfordern. Dieses Auseinanderdriften hängt jeweils auch mit den unterschiedlichen Tempi der inneren Entwicklung zusammen und lässt die Kommunikationsplattformen zwischen den Systemen immer fragiler werden. Aber weil die Schule nun einmal mitten in die Gesellschaft platziert ist, müssen wir diesen Abstand sehr kritisch in den Blick nehmen.

Der zweite Grund führt direkt zur Thematik dieses Kongresses: Eine enorme Dynamik und Beschleunigung liegt auch im Wissen selbst, in der Art und Weise, wie wir es heute erzeugen und kommunizieren. Traditionelle Formen der Vermittlung, der Kanonisierung des Wissens, des Einbettens in Curricula haben es in diesem Zusammenhang ausgesprochen schwer.

Über die beiden genannten Gründe der Bildungskrise werde ich gleich ausführlicher reden. Einen dritten Grund will ich zumindest in den Raum stellen: Es gibt auch ziemlich verfehlte Vorstellungen vom Kind, namentlich vom lernenden Kind und dem Phänomen der Kindheit. Sind das nicht manchmal auch ziemlich ungebrochene Projektionen einer neurotisierten Erwachsenenwelt auf das Kind, die uns disponieren lassen, wie ein Kind zu lernen habe und in welchen äußeren Rahmenbedingungen das vonstatten gehen soll? Wenn wir uns die Schule als eine Instanz zur Kompensation enttäuschter Erwartungen und Wünsche aus der Erwachsenenwelt vorstellen, kommt es eben dazu, dass wir mit jeder neuen gesellschaftlichen Problemlage, die öffentlich erkannt wird, eine neue Aufgabenzuschreibung an die Schule verbinden. Damit geraten wir in eine Situation, in der die Schule permanent überfordert wird, kollabiert, Enttäuschungen produziert und sich auf ihr eigentliches Geschäft gar nicht mehr besinnen kann. Sie ist eben keine Instanz zur Behebung unseres Weltschmerzes und kann nicht Probleme Erwachsener lösen. Vielmehr soll sie die Kinder stark machen, ihre eigenen Themen, Perspektiven, Ansprüche, Bedürfnisse und Probleme souverän in den Blick zu nehmen. Wie gesagt – dieser Punkt wäre ein Thema für sich.

Die Folgen gesellschaftlicher Wandlungs- und Modernisierungsprozesse

Seit einigen Jahren werden wir mit immer neuen Gesellschaftsbeschreibungen und -diagnosen konfrontiert, die in so schöne Begriffe wie Risikogesellschaft, Wissensgesellschaft, Freizeitgesellschaft, Erlebnisgesellschaft einmünden. Sie reden davon, was wir angeblich sind und werden, gaukeln uns vor, wir hätten es in einem bestimmten Zyklus mit weitreichenden Brüchen, tief greifenden Zäsuren zu tun, und suggerieren auf diese Weise Diskontinuität. Ich möchte andersherum fragen, ob es nicht eher so ist, dass uns die Kontinuität der gesellschaftlichen Entwicklung nicht mehr kontinuierlich bewusst wird, sondern stets nur Scheidepunkte, Krisen und Eruptionen unsere Aufmerksamkeit finden. Schnell jagt dann ein Ruck den anderen, der durch die Gesellschaft zu gehen scheint, jedoch fehlt eine systematische Analyse der Lage, in der wir uns befinden. Auf diese Weise werden uns die Konsequenzen einer eigentlich permanenten Entwicklung nur noch zyklisch bewusst. In der Folge hangeln wir uns von Defizit zu Defizit über unser Wissen, über die Situation, in der wir uns befinden und bezüglich der Vorstellung über das, was Bildung leisten kann – schulische insbesondere – und was nicht. Den Mittelpunkt solcher gesellschaftlichen Zustandsbeschreibungen bildet oft unausgesprochen die Idee der Postmoderne. Sie grenzt ein, was vorher war, ohne klar zu sagen, was heute ist. Sie kennt keine Verheißung und propagiert radikale Pluralität. Ich bin durchaus bereit, dies als einen Wert zu betrachten, aber dann müssen wir über die Voraussetzungen reden. Wenn mit der Pluralität in Verbindung mit der Assoziation grenzenloser Freiheit zum Beispiel auch Wahrheit, Gerechtigkeit und Menschlichkeit in den Plural geraten, dann muss man zumindest fragen, ob das zu ihrer Vervielfältigung oder zu ihrem Verlust führt. Das ist eine ausgesprochen spannende Frage, und ich bin weit davon entfernt, Ihnen darauf eine Antwort geben zu können. Nicht selten wird der Anschein erweckt, diese Pluralität eröffne per se Individualität und Diskurs, gebe jedem die gleiche Chance, aus einer Vielfalt der Sinnangebote souverän und verantwortlich seine Auswahl zu treffen. Unter diesen Bedingungen wird auch Religion wählbar oder abwählbar und kann sich nur noch auf individuelle Auseinandersetzung stützen, jedenfalls nicht auf den Lauf der Tradition oder auf naive beziehungsweise erzwungene Adaption. Im Grunde erfordert Religion (wieder) ein Bekenntnis, eine Entscheidung, wie jede andere Option, vor der wir stehen.

Junge Menschen wachsen nicht mehr in festgefügte Traditionen hinein, sondern müssen für sich selbst Orientierung und Identifikation aus dem viel gepriesenen pluralen Sinnangebot schöpfen. Mir geht das immer schwer über die Lippen. „Plurales Sinnangebot" – das klingt nach Warenhaus und Preisschilder. Sinnangebot A ist aufwändiger als Sinnangebot B, irgendwann gehen wir damit zur Kasse und können uns dann orientieren. So einfach ist es bekanntlich nicht. Für viele junge Menschen ist neben die Lust, fast alles tun zu können und zu dürfen, längst die Last getreten, nicht zu wissen, was sie tun sollen. Und häufig können sie gerade das nicht tun, was sie wollen, weil ihnen dazu die Voraussetzungen fehlen. In dieser Handhabung von Freiheit verbirgt sich ein nicht unerhebliches Potential an Frustration. Es spiegelt sich darin die alte Frage nach der Freiheit ohne Ziel, die sich, um mit Friedrich Schleiermacher zu sprechen, als eine Freiheit „von etwas" definiert, aber nicht mehr als eine Freiheit „zu etwas". Die Vielfalt der Optionen für den eigenen Lebensentwurf eröffnet keineswegs nur Chancen, sondern ebenso Probleme und Risiken. Weil daraus ganz neue Ansprüche an die Vermittlung von Orientierung durch Bildung erwachsen, müssen wir über Bildung reden. Denn Orientierung können wir nicht durch normative Sätze vermitteln. Damit geht es sowohl um die Wahrhaftigkeit der Angebote, die junge Menschen in einer pluralen Welt vorfinden, als auch um Grundlagen von Wissen und Können, die das Aufgreifen dieser Angebote überhaupt erst ermöglichen. Denn nur wer um Alternativen weiß, kann sie in seine Auseinandersetzung einbeziehen und seine Wahl treffen. Wenn Sie sich schulische Curricula ansehen, werden Sie feststellen, dass – um in der Sprache zu bleiben – vieles erst gar nicht im Angebot ist und demzufolge nicht zur Wahl steht. Es mangelt an bedeutsamem und relevantem Wissen. Dabei hängen Orientierung und Wissen systematisch miteinander zusammen. Mit anderen Worten: Vielfalt und Freiheit – Werte, die wir alle bejahen, nicht zuletzt aus unserer Vorstellung über eine lebendige und gesunde Demokratie – verlangen Qualifikation, wenn sie nicht als Last erlebt und daraufhin gering geschätzt werden sollen. Damit steht Bildung in ganz neuer Bedeutung auf der Tagesordnung.

Vor allem Ulrich Beck und Gerhard Schulze liefern Analysen, die – bei aller Kritik an den Schlagworten „Risikogesellschaft" und „Erlebnisgesellschaft" – in Bezug auf die allgemeine Sinn- und Wertediskussion Grundsätzliches erhellen. Beck verweist auf die ungeheuere

Dynamik des Wissens- und des Technikfortschritts und stellt fest, dass das Paradoxon der modernen Risikogesellschaft letztlich darin bestehe, dass wir auf die tiefgreifenden und weithin unbewältigten Folgen dieses Fortschritts nur noch mit dem Ruf nach noch mehr Wissenschaft und Technik reagieren können. Derselbe Prozess, der bestimmte Probleme hervorruft, soll in forcierter Anwendung die Lösungsmodi bereitstellen. Das führt dazu, dass wir uns mit Risiken arrangieren, ohne zu bemerken, welchen Umfang sie bereits eingenommen haben. Wissenschaftliche Ressourcen werden erschlossen, um offensichtlich fehlgeleitete Potentiale derselben Art wieder unter Kontrolle zu bringen. Ein Wissensfortschritt, der einerseits scheinbar jedes Geheimnis lüftet, jedes Rätsel entschlüsselt, jedem Staunen den Boden entzieht, der also alles entzaubert, macht andererseits für tiefere Ursachen und Begleitumstände seiner eigenen Dynamik zunehmend blind. Er ist gerade für junge Menschen, die um ihre Zukunft fürchten, nicht vertrauensbildend und fördert im Gegenteil eher Tendenzen der Wissenschaftsfeindlichkeit, zumindest aber der Wissenschaftsskepsis, des Protests oder im ungünstigsten Fall der Gleichgültigkeit.

Die Erlebnisgesellschaft nun bietet hier zahlreiche Möglichkeiten der Ablenkung. Das zeigt sich im Drang nach Beschleunigung, in der ständigen Suche nach dem nächsten Kick, im Zwang, immer mehr erleben zu wollen, im Verlangen nach immer schrilleren Reizen, so Gerhard Schulze. All das sind Ausdrucksformen eines Strebens nach Sicherheit, die im Technikzeitalter erschüttert scheint. Beispielhaft kann man das an der Faszination beobachten, die Unglücksfälle hervorrufen. Ausgerechnet solche Momente geben dazu Anlass, im Strom der ausufernden Machbarkeiten inne zu halten. Theologie und Psychologie interpretieren die Sucht nach Geschwindigkeit und Beschleunigung als Ausdruck unserer verloren gegangenen Fähigkeit, die eigene Endlichkeit zu akzeptieren. Das ist übrigens auch ein Effekt der Säkularisierung. Nach Freud ist die stärkste Kränkung des Menschen das Bewusstsein, dass er endlich ist. Deshalb ist die Reflexion der Endlichkeit des menschlichen Lebens eine sehr wichtige Voraussetzung dafür, die Ursachen der Bildungskrise angemessen zu analysieren. Nicht ohne Grund gehört diese Reflexion bis heute zu den wichtigsten Beiträgen christlicher Einsicht in Bildungsziele. Wissenschaftliche Erkenntnisse und Erklärungen sind begrenzt. Viele Probleme unseres Seins entziehen sich wissenschaftlicher Deutung. Mit dem katholischen Religionsphilosophen Bernhard Welte kann man sogar noch weiter gehen: Mit wachsender Erkenntnis wird die Unlösbarkeit sich zuspitzender Probleme nicht etwa abgebaut, sondern im Gegenteil immer offensichtlicher. Welte wörtlich: „Je mehr sich die Front der Wissenschaft gegen das Nicht-Gewusste, das wir wissen möchten und sollen, vorschiebt, je mehr und je erstaunlichere Antworten sie gewinnt, desto mehr und desto größere und schwerer wiegende Fragen werden möglich, nicht etwa weniger." Nicht viel anders sagt das Ulrich Beck. In diesem Zusammenhang möchte ich an ein berühmtes Zitat von Schleiermacher erinnern. Er schreibt: „Mit Schmerzen sehe ich es täglich, wie die Wut des Verstehens den Sinn gar nicht aufkommen lässt, und wie alles sich vereinigt, den Menschen an das Endliche und an einen sehr kleinen Punkt desselben zu befestigen, damit das Unendliche ihm so weit als möglich aus den Augen gerückt werde."[3]

In der Tat produzieren wir Wissen vornehmlich in räumlich-zeitlichen Systemen. Sieht man von der Theologie als Wissenschaft einmal ab, hat Gott im Denkgebäude der Wissenschaft keinen Platz. Viele gestehen der Religion allenfalls ein Nischendasein zu. Sie soll die Lücke für Ungeklärtes oder noch nicht Geklärtes ausfüllen. Im biblischen Sinne bedeutet Glaube dagegen, die Dinge zu durchdringen, einen Zugang zur ganzen Wirklichkeit des Lebens und der Welt aufzuschließen, in der auch die wissenschaftliche Erkenntnis ihren Platz hat. Aus diesem Grund war für Schleiermacher die Grundbeziehung des sich selbst bildenden Menschen die Beziehung auf das Unendliche, das Universum. In der Beziehung zu diesem Unendlichen sei er rein passiv empfangend: „Das Universum bildet sich selbst seine Betrachter und Bewunderer."[4] Ich finde, besser kann man es gar nicht sagen; wenn man es ganz genau nimmt, braucht uns das Universum nicht. Der Sinn für das Unendliche muss also gerade den jungen Menschen aufgehen und aufgetan werden, denn dieser Sinn erschließt sich nicht durch dieses oder jenes zweckgerichtete Erkenntnisgebilde, er ist dem Menschen nicht einfach anerziehbar. Sinn lässt sich nicht durch Methode oder Experiment ermitteln, ist viel mehr als das Faktische, Greifbare und Nütz-

3 Friedrich Daniel Ernst Schleiermacher, Über die Religion. Reden an die Gebildeten unter ihren Verächtern. Dritte Rede: Über die Bildung zur Religion. 1799, S. 144 (1983, S. 126). In: ders., Theologische Schriften (hg. von Kurt Nowak), Berlin (Ost) 1983, S. 121–141.

4 Ebd., S. 143 (S. 125).

liche. Erst in der Frage nach dem Sinn seines Lebens erfährt sich der Einzelne als ein nicht auf einen Ausschnitt seiner begrenzten Umwelt, sondern auf das Ganze angelegtes, mutiger gesagt: als religiöses Wesen. Deswegen war für Schleiermacher die Religion wörtlich „die einzige und geschworene Feindin aller Pedanterie und Einseitigkeit". Erst die Sicht auf das Universum, die Unendlichkeit verhilft dem Menschen zu seiner Ganzheit, zu einem ungeteilten Dasein. Das Leben – und das ist für jede Bildungstheorie von Anfang an wichtig – kann nur menschlich bleiben, wenn es Sinn hat oder sucht.

Die Folgen der wachsenden Beschleunigung des Wissens und der Lebensverhältnisse

Die Beschleunigung, die ich eben schon erwähnte, spielt sich im engeren Sinn genauso auf dem Gebiet des Wissens ab. Sehr schnell ist von veraltetem Wissen die Rede. Leo O'Donovan, emeritierter Präsident der Georgetown-Universität in Washington, hat in diesem Zusammenhang darauf hingewiesen, dass wir mit großer Selbstverständlichkeit von Auto- und Computergenerationen sprechen, die sich wesentlich schneller ablösen als Generationen von Menschenkindern. Durch diesen Generationswechsel der Technik, die uns umgibt, wird aber kein Mensch schneller erwachsen. Diese Beschleunigung ist ein Trauma für jeden Lehrplanentwickler und hat zu der Tendenz geführt, möglichst jede neue Erkenntnis in das schulische Curriculum aufzunehmen. Auf diese Weise droht uns letztlich die Fülle des Wissbaren – nicht etwa des Gewussten – zu ersticken. Die Orientierung im Blick auf die Frage, was eigentlich substantiell und wichtig ist und was wir getrost weglassen könnten, fällt so immer schwerer. Dieses Schulphänomen, für das wir das schöne Wort „Stofffülle" haben, hat die Kultusministerkonferenz übrigens intensiv beschäftigt, jedoch nur wegen der Schreibweise: Neuerdings haben wir es mit drei „f" zu schreiben. Dabei ist die Stofffülle für moderne Curricularreformen, für Schulerneuerung und -entwicklung eine Geisel. Unter den Bedingungen der gigantischen Wissensmaschinerie könnte in der Schule entschieden weniger am Ende entschieden mehr sein. Auch bei den Bildungsstandards habe ich inzwischen die große Sorge, dass wir am Ende bei einer Standardfülle landen werden, die die Stofffülle ablöst. Wenn ich sehe, wie umfangreich die diesbezüglichen Texte bereits sind und wie sie wachsen, dann werden wir möglicherweise bald wieder auf die alten Lehrpläne zurückgreifen.

Natürlich gibt es Wissen, das sehr rasch veraltet – etwa solches, das in Fahrplänen, Telefonbüchern oder Gebrauchsanleitungen gespeichert ist. Wer aber ständig danach fragt, welches alte Wissen durch neues Wissen ersetzt oder ergänzt werden muss, wird irgendwann verzweifeln. Viel besser ist es, andersherum zu fragen: Welches Wissen veraltet eigentlich nicht? Das ist doch für die schulische Lehrplanentwicklung die eigentlich spannende Frage. Leo O'Donovan hat sie sinngemäß in diese Form gebracht: Wie schnell veraltet eigentlich das Alphabet? Da sind in den letzten Jahrzehnten doch kaum in nennenswertem Umfang Buchstaben dazu gekommen. Und weiter gefragt: Wie schnell veralten das kleine Einmaleins, das Periodensystem der Elemente, die Wertgültigkeit der Grimmschen Märchen, die biblischen Geschichten? Wir haben genug konstantes, kulturell fest verankertes Wissen, das man als Grundstein für ein schulisches Curriculum verwenden kann. Dieses Wissen veraltet deswegen nicht, weil es Abstraktionsfähigkeiten und methodische Kenntnisse vermittelt, mit denen sich auch ganz andere Wissenszusammenhänge erschließen lassen. Es wäre ein belastbares Fundament für die enorme Dynamik der Wissensproduktion. Es geht also gar nicht um die Menge, sondern um die Güte des Wissens. Deshalb warne ich auch immer davor, den Begriff der „Wissensgesellschaft" allzu vollmundig auf unsere heutigen Verhältnisse anzuwenden. Denn erstens ist das augenfälligste Merkmal der Wissensgesellschaft, in der wir leben, dass es immer mehr Menschen gibt, die immer weniger wissen. Das macht den Anspruch schwierig, eine Wissensgesellschaft zu sein. Und jeder, der historisch denkt, fragt sich zweitens: Waren denn die Antike oder die Renaissance oder das enzyklopädische Zeitalter keine Wissensgesellschaften? Darum: Hoffentlich liegen die wirklichen Wissensgesellschaften nicht schon hinter uns!

Von Hans-Magnus Enzensberger stammt die hochinteressante und witzige Überlegung, dass man das Wissen von Philipp Melanchthon rein mengenmäßig mit dem einer modernen Friseurin vergleichen könne.[5] Sie wisse etwa so viel über Mehrwertsteuer, Prominente, Haarfesti-

5 Hans-Magnus Enzensberger, Über die Ignoranz; in: Ders., Mittelmaß und Wahn, Frankfurt/M., 1991, S. 9–22.

ger und Boygroups wie er über Rhetorik, Grammatik, Philosophie und die Kirchenväter. Allerdings seien ihre Informationen vorwiegend ungeordnet und unverknüpft sowie von äußerst knapper Verfallszeit. Stellt man sich vor, es gäbe einen Stromausfall – was bei Melanchthon einen gewissen Mut voraussetzt –, wäre diese moderne Friseuse sofort von dem ganzen Wissen ihres Horizonts und ihrer Welt abgeschnitten, während Melanchthon nach Enzensberger „das vorhandene Wissen noch so ordnen und aufstellen könnte, dass er es als Basislager für den Aufbruch in neue Zivilisationen des Wissens verwenden könnte". Das finde ich spannend, und man sieht daran, wie falsch es ist, von einer Wissensexplosion zu reden. Das Informations- und Medienzeitalter hat unsere Vorstellungen vom Wissen ziemlich gründlich irritiert. Hartmut von Hentig verweist gegenüber falschen Vorstellungen von Wissen auf die platonisch-sokratische Tradition. In ihr wird gelehrt – ich zitiere von Hentig – „dass ungeprüftes Wissen gefährliches Scheinwissen ist, und hat also dazu angehalten, das Wissen dem Denken zu unterwerfen".

Wissen ist mehr als eine Summe von Informationen; Informationen sind nur die Bausteine von Wissen, nicht das Wissen selbst. Für die Institution Schule ergeben sich daraus gravierende Konsequenzen. Der Memory-Stick in meiner Hosentasche mag als Beispiel dienen. Zwar sind auf ihm wichtige Informationen gespeichert, die ich ständig mit mir herumtrage, aber sie befinden sich gleichsam jenseits meiner aktuellen Gedankenwelt. Ich kann nur mit technischen Hilfsmitteln in Ausschnitten darauf zurückgreifen. Zusammengefasst: Im Blick auf das Wissen stehen wir vor keinem quantitativen, sondern vor einem qualitativen Problem. Wissen kann man quantifizieren, wenn man es mit Informationen gleichsetzt und dann an ihrer Menge verzweifeln. Bildung jedoch bedeutet Wissen zu qualifizieren. Wissen ist ein Rohstoff, den man zu Bildung veredeln kann, indem man es ordnet, kritisch prüft, methodisch herleitet, verknüpft, an Sinn und Einsicht bindet und einbettet in ein Kontinuum von Menschlichkeit und Kultur. Dafür braucht man den Mut und die entsprechenden Kriterien zur Auswahl. Erst mit ihnen sind wir in der Lage, uns selber zu begrenzen und auf das zu konzentrieren, was wirklich nötig und wert ist, gewusst zu werden, weil es Orientierung gibt. Orientierungswissen gibt Orientierung nicht vor, sondern ermöglicht sie. So gesehen kann jedes Wissen, wenn es gut ausgewählt und hergeleitet ist, intensiv vermittelt und in seinem

Wert aufgetan, Orientierungswissen sein. Es von anderem Wissen zu unterscheiden wäre weder nötig noch möglich. Dann – erst dann – wäre Wissen immer Orientierungswissen.

Für zeitgemäße schulische Bildungsprozesse will ich nun zwei Schlussfolgerungen ziehen:

Zum einen müssen wir viel kontinuierlicher und nachhaltiger fundamentales Grundwissen ausfindig machen und vermitteln, uns schon im frühen Kindesalter auf das konzentrieren, was als Konstanten unserer Kultur allen Menschen verfügbar sein sollte. Diesen bleibenden Bildungsinhalten muss die Schule wesentlich mehr Raum geben, viel länger daran verweilen, immer wieder darauf zurückkommen und jeden Wissensfortschritt rückbinden an das, was vorher besprochen und behandelt wurde. Das klingt furchtbar traditionell, aber wir sind in der Schulpraxis heute weit davon entfernt, wenn man sich die Kurzatmigkeit schulischer Abläufe und die Überfrachtung schulischer Curricula vor Augen führt. Bleibende Bildungsinhalte auszumachen ist ein viel geringeres Problem als wir bisher immer dachten.

In Verbindung damit müssen wir zum anderen konsequenter als bisher auf die Grundwerte menschlichen Zusammenlebens in der Demokratie achten, uns Regeln geben, die verbindlich sind, und dafür Sorge tragen, dass diese Verbindlichkeit Bestand hat.

Kulturtechniken und Kanonisierung

Die erste Schlussfolgerung beinhaltet, das Lernen selbst zu einer Schlüsselqualifikation zu machen. Die Basis dafür sind die Vermittlung eines Grundkanons dauerhaften, eben nicht veralteten Wissens und der Erwerb der kulturellen Techniken, die wir benötigen, um uns dieses Wissen anzueignen und darüber zu kommunizieren. PISA hat uns vor Augen geführt, dass es gerade an diesen elementaren Kulturtechniken in sehr beunruhigender Weise mangelt. Dabei ist es mehr als nur ein Ärgernis, dass viele junge Menschen die Rechtschreibung nicht mehr ordentlich beherrschen oder nicht mehr Kopfrechnen können. In Wirklichkeit ist das viel dramatischer. Wenn ich nämlich Bildung als einen kumulativen Prozess auffasse, der ohne Kommunikation seinen eigenen Aufwuchs nicht organisieren kann, dann ist der Mangel an Kulturtechniken das Ende jeden Bildungsfortschritts.

Eine schulische Curriculumreform müsste also in die Einsicht radikaler Reduktion münden, und sie müsste auf dieser Grundlage danach fragen, was unter den beschriebenen Bedingungen Allgemeinbildung bedeutet. Das ist die alte Frage nach dem Kanon. Die Älteren unter ihnen, insbesondere diejenigen, die in den alten Bundesländern aufgewachsen sind, werden sich erinnern, welche geharnischten Debatten der Kanonbegriff in den siebziger und auch noch den achtziger Jahren nach sich gezogen hat. Da war von kultureller Willkür die Rede, von dem Motiv, eigentlich nur Herrschaftswissen reproduzieren zu wollen, es mangele an einer legitimierten Instanz, die festlegen könnte, was in den Kanon gehört und was nicht. Heute müsste man fast für den guten Sinn kultureller Willkür plädieren.

Die Frage nach dem Kanon ist uralt. Jede Arbeitsteilung führt zu geteilten Kompetenzen und zu einer Unterteilung des Wissens und damit in den Grundwiderspruch zwischen der Idee des Allgemeinen und der Notwendigkeit des Einzelnen und Speziellen. Bereits in der Antike gab es Fächer, die der Ordnung des Wissens und der Systematik seiner Wiedergabe dienten. Das waren die septem artes liberales, die sieben freien Künste – oder, wie ich es in der Schule gelernt habe, damit ich die Perspektive des Klassenkampfes in diesem frühen Stadium unserer Kulturgeschichte erblicken möge – die sieben Künste der Freien. Später im Studium habe ich übrigens gelernt, dass es noch präziser wäre, von den „sieben Künsten des freien Mannes“ zu reden. Die Künste jedenfalls enthielten alle die Idee der Synthese, der Zusammenführung auf höherer Ebene, der Transzendenz, eben des Kanons. Sie waren nicht wirklich unterteilt, sondern sämtlich aufeinander bezogen. Sie beschrieben das Ganze in seinen einzelnen Dimensionen und Perspektiven, ließen zwischen den Elementen oder Kategorien das Gemeinsame und Übergreifende erkennen, öffneten an den Schnittstellen den Blick für Kausalität und eben auch für Neues. Nicht ohne Grund ist das Allgemeinbildungsideal der griechischen Antike, die Kalokagathia oder „Schöngutheit“, nichts anderes als eine universelle Synthetisierung. Warum wollen wir von diesen Überlegungen nicht lernen und profitieren?

Eine wichtige Frage der heutigen Kanondiskussion besteht ferner darin, ob der Kanon lediglich der Gliederung von Wissensbereichen, also bestimmten Ordnungsprinzipien des Wissens genügen soll oder ob er auch eine gültige Übereinkunft darüber enthalten kann, an Hand welchen grundlegenden Wissens und Könnens diese innere Ordnung auszufüllen wäre, um als Basis für vielfältig variables Spezialwissen zu dienen. Das ist wieder die Frage nach den bleibenden Bildungsinhalten und natürlich danach, welches Wissen dazugehören würde und welches nicht, welcher inneren Systematik und Abfolge es bedürfte, um lehr- und lernbar zu werden, um parat zu bleiben und im Sinne dieses Kongresses Orientierung zu bieten. Alles Fragen übrigens, denen sich die Schulforschung heute stärker denn je zuwenden muss.

Gehört also neben dem Lesen-, Schreiben- und Rechnen-Können zu den viel beschworenen Kulturtechniken zum Beispiel auch, etwas über die Dramen Shakespeares zu wissen (wie das bei meinen Großeltern der Fall war), ohne Hilfsmittel das Volumen eines Kegelstumpfes auszurechnen (was meine Eltern noch konnten) oder verschiedene Baustile unterscheiden zu können, selbst wenn man weder Bauingenieur noch Architekt werden will? Ist es ein Problem, durch Florenz zu spazieren und sich einfach nur am schönen Wetter zu erfreuen? Ein anderes Beispiel: Werde ich im Herbst den Flug der Kraniche wahrnehmen, wenn ich noch nie von Kranichen gehört, geschweige denn die des Ibykus gelesen habe? Auch hier könnte man sagen, wer etwas darüber wissen will, kann ja im Lexikon oder im Internet nachschauen. Wenn ich aber in dem Moment nicht hinsehe, wo etwas zu erwarten ist, weil ich gar nicht weiß, dass etwas zu erwarten ist, dann fehlt der Anlass der Wahrnehmung selbst und damit der Anlass dazu, methodisches Rüstzeug, falls ich es denn habe, zum Einsatz zu bringen. Dann frage ich nicht nach dem Flug der Zugvögel und suche schon lange nicht nach den Antworten des darin verborgenen Wissens. Der ganze Modus eines im Sinne von Bildung selbst gesteuerten Wissens kommt nicht in Gang, weil bereits das Grundwissen fehlt. Deswegen ist es nicht einfach, sich von Kollegen sagen zu lassen: Braucht man alles nicht, kann man doch nachlesen, wenn man es braucht. Das stimmt eben nicht, man liest gar nicht erst nach, wenn man nicht merkt, dass man es braucht. Das halte ich für ein ganz großes Problem. Deswegen bin ich es leid zu hören, es sei nicht so wichtig, ob die Kinder am Anfang wirklich schon fehlerfrei schreiben oder nicht, und dass sie die Kommaregeln auch später noch erlernen könnten. Nein, sie werden es nie richtig lernen, wenn sie es nicht von Anfang an lernen und praktizieren und wenn wir nicht von Anfang an darauf achten. Man könnte viele weitere Beispiele aufführen. Ohne einen Anlass zu haben, ein Defizit, dem möglicherweise sogar noch abzuhelfen wäre, überhaupt als solches zu bemerken, erübrigt sich die Frage, ob man methodisch imstande gewesen wäre, irgendetwas dagegen zu tun. Natürlich ist es richtig, dass Kinder lernen müssen, sich zu helfen zu wissen, Methoden selbstständig anwenden zu können. Dennoch müssen wir früher ansetzen und über die Anlässe, die das Ganze in Bewegung bringen, nachdenken.

Bleibendes, an die Konstanten unserer Kultur anknüpfendes, kanonisiertes Wissen hat sogar eine soziale Qualität, indem es Generationen übergreifendes Wissen ist. Besonders spannend werden die Gespräche zwischen Schülern und ihren Eltern immer dann, wenn die Schüler etwas aus der Schule mit nach Hause bringen, von dem die Eltern sagen können: „Du, das haben wir auch gelernt." PISA hat festgestellt, dass der Gesprächsfaden zwischen Eltern und Schülern weitgehend abgerissen ist, dass zu Hause über Schule nicht gesprochen wird. Das ist ebenso eine Folge davon, dass über Generationen hinweg gültiges Wissen nicht mehr im Mittelpunkt der Schule steht, sondern sich permanent ablösendes, flüchtiges Wissen. Die gemeinsamen Themen zwischen den Generationen, die über Bildung entfaltet werden könnten, gehen verloren, wenn wir uns nicht auf das besinnen, was bleibend ist.

Wenn Bildung also bedeutet, Wissen nicht nur einfach anzuhäufen, sondern es zu „qualifizieren", dann muss ich auch die Frage aufwerfen, worin die Qualität eines solchen Wissens besteht. In meiner Sicht besteht es zum einen in der Auswahl des Wissens nach Kriterien, die wir nur in den Wurzeln unserer eigenen Kultur finden können. Vor einigen Jahren dachte man in der Kultusministerkonferenz darüber nach, ob nicht Islam-Kurse eingeführt sollten, damit die Kinder multikulturell orientierungsfähig werden. Es ärgert mich, wenn solche Überlegungen angestellt werden, ohne dass man sich mit den eigenen kulturellen und religiösen Grundlagen ausreichend beschäftigt – unabhängig davon, ob sie in einem Bekenntnis greifbar sind oder nicht. Wer die eigene Geschichte, die eigenen kulturellen Wurzeln nicht kennt, wird alles Fremde als Bedrohung empfinden, besonders dann, wenn es einem mit eigener Stärke und Gewissheit entgegentritt. Unsere Kinder wissen vieles nicht mehr. Gerade war Ostern, bald sind Himmelfahrtstag und Pfingsten. Wer junge Leute danach fragt, was es mit diesen Festen auf sich hat, bekommt nicht selten fatale Antworten.

Ein weiteres Qualitätsmerkmal grundlegend-übergreifenden schulischen Wissens ist, dass es sich aus dem Leben der Kinder herleitet. Nur dann können sie darauf zugreifen, es abstrahieren und verknüpfen, kann das Wissen plausibel und einsichtig werden, ebenso wie wenn es in ein gutes System von Struktur und Ordnung einbettet ist, das Kinder erfassen können. Der Sinn eines Kanons besteht nicht darin, dass er Wissen additiv aneinander reiht, sondern es in einen Zusammenhang bringt, der das Merken und das Wiederfinden erleichtert. Das Wissen muss den Schülern Rückfragen eröffnen, es muss spannend sein, darüber nachzudenken. Früher hätte man gesagt, es muss Wissen sein, das die curiositas anspricht, unsere Neugier, weil es einen spannenden Zusammenhang exemplarisch auftut, der das Weiterfragen, das Wissen-Wollen anregt, eben die Neugier entfacht. Meinen Lehramtsstudentinnen und -studenten habe ich das immer mit den drei „V" erklärt (das merkt sich so besser): Wissen muss den *Verstand* ansprechen, *Verständnis* ermöglichen und *Verständigung* auslösen. Das ist ein bisschen knapp, dahinter verbergen sich jedoch wichtige Kriterien der Auswahl und Aufbereitung schulischen Wissens.

Regeln menschlichen Zusammenlebens als Bildungsinhalt

Abschließend gehe ich noch auf meine zweite Schlussfolgerung für zeitgemäße schulische Bildungsprozesse ein. Sie lautete, stärker auf die Regeln menschlichen Zusammenlebens in unserer Demokratie zu achten. Soziale Regeln sind nicht einfach vorzugeben, sie müssen ausgehandelt, vereinbart und dann auch eingehalten werden. Dazu gehört, sich zu wehren, wenn gegen sie verstoßen wird. Solche Verhaltensregeln sollen sichern, dass man nicht gegen die Lebensmaximen der Gemeinschaft verstößt, der man selber angehört. Gerade für Kinder ist das eine sehr wichtige Erfahrung. Sie betrifft moralische Fragestellungen, ist damit Gegenstand der Ethik. In jedem Falle aber geht es um ein geistiges beziehungsweise kulturelles Instrument, unterschiedliche Interessen individueller und gemeinschaftlicher Art zu koordinieren und auszugleichen. Der zunehmende Verzicht auf die Beachtung von Regeln des Zusammenlebens – auch Lehrer und Eltern scheuen sich oft, den Kindern Grenzen zu ziehen – führt dazu, dass die Kinder die ihnen gewährte Freiheit mitunter eher als Last empfinden und daran zweifeln, ob ihnen die Erwachsenen genügend Zuwendung und Aufmerksamkeit entgegenbringen. Nicht ohne Grund versuchen junge Menschen, denen man keine Koordinaten mehr für ihr Verhalten vermittelt, mit umso schrilleren Signalen auf sich aufmerksam zu machen. Wo fast alles erlaubt ist, alles die gleiche Gültigkeit beansprucht, breitet sich schnell Gleichgültigkeit aus. Kinder können einen sehr liberalen und duldsamen Erziehungsstil durchaus als Zeichen mangelnder Liebe und fehlenden Zutrauens bewerten. Dennoch erzeugt das Wort Erziehung aus unerfindlichen Gründen ein bisschen ein ungutes Gefühl. Wer will schon von sich aus erzogen werden?

Die moderne Erziehungswissenschaft thematisiert den Erziehungsbegriff zurzeit so gut wie gar nicht. Dabei ist es so wichtig, beim Thema Bildung auch über Erziehung zu reden. Gewiss assoziiert das Wort „Ziehen" im Wortstamm einen Widerstand, also etwas, das nicht gezogen werden will. Aber die alte Analogie der Gärten und der Schulen, die schon aus der Antike stammt, weist darauf hin, dass unter Ziehen auch etwas Anderes verstanden werden kann, nämlich aufziehen, hegen und pflegen, in die Sonne stellen und gelegentlich etwas beschneiden, damit gutes und geordnetes Wachstum möglich wird. August Hermann Francke hat in Halle den Begriff der „Auferziehung" geprägt. Das ist eines der schönsten Wörter in meinem Fach. Auferziehung gibt Kindern das Gefühl der Gewissheit, traut ihnen etwas zu. Wo wir Kindern nichts mehr abverlangen und denken, jetzt nimmt jedes Kind die Hürde und schon sei die Welt wieder heil, fangen die Probleme erst an. Denn den Kindern wird die Möglichkeit genommen, ihre Potenziale zu entdecken, sich zu erproben, die Kräfte zu messen und darin die eigenen Grenzen zu überschreiten. Noch einmal: Der zunehmende Verzicht auf die Beachtung und Durchsetzung von Regeln wird von vielen Heranwachsenden eher als Entzug von Aufmerksamkeit und Zuwendung denn als wirklicher Freiheitsgewinn empfunden. Junge Menschen fühlen sich unter solchen Bedingungen eher verloren als in einer Gemeinschaft angenommen und aufgehoben. Natürlich gehört Mut dazu, einen Sprayer festzuhalten, pöbelnden Jugendlichen in der Straßenbahn Einhalt zu gebieten, ausländische Mitbürger vor Übergriffen zu schützen. Wenn ich in einer Zeitungsmeldung lese, dass ein mehrfach vorbestrafter junger Täter in einer Nacht drei Mal wegen desselben Vergehens aufgegriffen wurde, muss ich mich schon wundern.

Ich fasse zusammen: Im Grunde kann es Bildung, zumal in offenen und pluralen Gesellschaften, ohne ein kulturelles Fundament, ohne Bezug auf ihre kulturellen Ursprünge und Wurzeln nicht geben. Dies muss explizit auch die Religion einbeziehen, ohne die aktuelle Begründungen für unsere Werte nicht verständlich werden. Das alles darf nicht abstrakt und akademisch bleiben. Kinder brauchen ein Koordinatensystem, das aus belastbarem, dauerhaftem und immer wieder abrufbarem Wissen besteht und dadurch Orientierung vermittelt. Damit entfiele die Abgrenzung von Sach- und Orientierungswissen. Mindestens aber ist angesichts der Pluralität der Sinnangebote in unserer zunehmend wertunsicheren Gesellschaft auf kulturelle und religiöse Belange in der schulischen Bildung wesentlich mehr Aufmerksamkeit zu legen. Sie erschließen grundlegende Einsichten in das Warum, Woher und Wohin des eigenen Seins. Die großen Konstanten kulturellen Wissens und die daraus resultierenden Erkenntnisse und Regeln für ein menschliches Zusammenleben können für den Ausweg aus der Bildungskrise eine Richtung weisen.

Podium
Konsequenzen für die Bildungspolitik

Teilnehmer: Wolf-Michael Catenhusen, Wolfgang Huber, Eckart Liebau, Friedrich Schweitzer
Moderation: Marcus Götz-Guerlin

Marcus Götz-Guerlin: Die Bildungspolitik, zu der Herr Minister Olbertz bereits den Bogen geschlagen hat, ist Thema des folgenden Podiums. Es geht vor allem darum, die Konkretion auf die Schule hin vorzunehmen, da diese alleine schon im Blick auf die Verteilung finanzieller Ressourcen der gewichtigste Bildungsbereich ist. Welche Konsequenzen aus dem bislang Gesagten folgen für die Gestaltung von Bildungsprozessen in der Schule?

Eckart Liebau: Erstens: Ich möchte an einen Gedanken von Wilhelm von Humboldt erinnern: Bildung ist bei ihm nicht als etwas Individuelles definiert, nicht nur als etwas, das mit Personen – mit Subjekten – geschieht, sondern als etwas, das sich im Wechselspiel zwischen Ich und Welt abspielt. Sie ist als wechselseitige Vervollkommnung von Ich und Welt gedacht. Bildung geschieht dadurch, dass man versucht, Welt zu verbessern, und dadurch, dass man versucht, sich dabei zu verbessern. Das ist eine wechselseitige Anforderung. Bildung ist eben nicht nur als etwas Subjektives zu denken, sondern immer auch im Hinblick auf die Entwicklung der Verhältnisse, unter denen sie stattfindet und stattfinden kann.

Zweitens: Wenn man versucht, einen pragmatischen Begriff von Bildung zu entwickeln, dann kann man das zu übersetzen versuchen als Teilhabefähigkeit und Teilhabeinteresse. Man muss dabei im Horizont der Tätigkeitsgesellschaft denken und nicht nur im Horizont der Erwerbsgesellschaft. Denn der Anteil der Lebenszeit, der nicht durch Erwerbsarbeit gefüllt ist, ist seit dem vergangenen Jahrhundert ungeheuer gewachsen und er wächst weiter. Es sind trotz aller Zeiten, die man nach wie vor für die Arbeit braucht, große Zeiten: Bildungszeiten, Familienzeiten, Rentenzeiten, die Wochenarbeitszeit ist kürzer, die Monatsarbeitszeit ist kürzer, die Jahresarbeitszeit ist kürzer. Natürlich haben wir im Moment gegenläufige Entwicklungen, aber in der langen Linie ist dieses so. Die Debatten über die Erwerbsgesellschaft sind zu ergänzen um solche über die Tätigkeitsgesellschaft und damit auch über die Zivilgesellschaft. Was sollen die Menschen denn in der Zeit tun, in der sie keine Arbeit als bezahlte Arbeit haben? Woher sollen sie denn die Anerkennung gewinnen, wenn es keine Tätigkeiten gibt, die als sozial anerkannte außerhalb der Erwerbsarbeit getan werden können?

Teilhabefähigkeit, Teilhabeinteresse – das führt zur Frage des Kanons und zur Frage danach, was man denn darunter verstehen kann. Die wesentlichen Bereiche der menschlichen Existenz, also Erwerbsarbeit, die politische Existenz, die Partizipation an Kultur und Kunst, die Wissenschaft, die Religion und vor allen Dingen den Alltag kann man hier als Bezugsbereiche benennen. Man kann auch ziemlich konkret sagen, was man braucht, um an diesen Bereichen partizipieren zu können und Interessen entwickeln zu können. Man kann dieses zumal vor dem Hintergrund dessen, was in der deutschen Bildungstradition als die drei großen Linien entwickelt worden ist: (I) in der Linie der Aufklärung die Orientierung an politischer Mündigkeit auf der einen Seite und an ökonomischer Brauchbarkeit auf der anderen Seite. (II) In der Linie der idealistischen Tradition: Bildung im Sinne Humboldts als wechselseitige Vervollkommnung von Ich und Welt. Und schließlich (III) Bildung als Entfaltung der Person, die vor dem Hintergrund der romantischen Tradition entsteht. Letztere wird häufig vergessen. Man sollte sie aber nicht vergessen, sondern man sollte sie systematisch einbeziehen. Dass dabei dann Fragen der Existenz und damit auch Fragen der Religion ins Zentrum rücken, sei nur erwähnt.

Die Konsequenzen will ich andeuten: Schule als Lebens- und Erfahrungsraum, Hartmut von Hentig hat das erschöpfend erläutert. Das Curriculum: Grundbildung ist genannt. Mindeststandards – ich habe nichts dagegen, wenn sie denn wirklich als Mindeststandards verwendet werden und das heißt als Lernrechte. Jedes Kind hat das Recht, so lange lesen zu lernen, bis es lesen kann. Wenn man es so definiert, dann kann ich mit Mindeststandards gut umgehen. Und das geht dann selbstverständlich über Lesen, Schreiben und Rechnen hinaus.

Ich zitiere noch einmal Hartmut von Hentig: Theatre and Science, hat er mal gesagt, das sind die beiden Methoden, die man braucht, um das zu lernen, was man fürs Leben braucht. Man muss sich zeigen können, man muss darstellen können, man muss mit anderen zusammen etwas auf die Bühne des Lebens bringen können. Eine Tagung der Evangelischen Akademie in Tutzing hatte das Thema „Von der Schulbühne zur Weltbühne". Da ging es um das Schultheater. Genau diese Thematik wurde da behandelt. Das andere, Science, brauche ich nicht zu erläutern. Wie lernt man das? Man lernt es durch Tun. Man muss es leben.

Es gibt anthropologische Kriterien, die man dabei beachten kann: Die Leiblichkeit, zu der die Endlichkeit gehört, ist zentral. Die Leiblichkeitsentwicklung, die Sozialität des Menschen, seine Geschichtlichkeit, Kulturalität, das Leben mit den Symbolen und seine Subjektivität. Das wären Perspektiven, unter denen man Bildung vielleicht konstruieren kann.

Friedrich Schweitzer: Diese Tagung heißt im Untertitel „Welches Orientierungswissen gehört zu Bildung?". Daraus kann man entnehmen, dass die Veranstalter dieser Tagung der Meinung sind, dass Orientierungswissen eine Kategorie sei, die derzeit zu wenig beachtet wird. Die Tagung hat aber sehr deutlich gemacht, dass Orientierungswissen in seiner Notwendigkeit von keinem der Anwesenden wirklich bestritten wurde. Daraus kann nun, wenn ich die Überschrift zu diesem Abschnitt sehe – „Konsequenzen für die Bildungspolitik" – nur eines folgen: Nämlich zu fragen, wie die Bildungspolitik denn nun diese zu Tage getretene Einigkeit hinsichtlich des Orientierungswissens handlungspraktisch aufnehmen kann. Dazu sehe ich drei Perspektiven:

Erstens: Mindeststandards. Herr Liebau hat betont, dass pädagogisch gesehen die Frage, ob jedes Kind denn so lange lernen darf, bis es die Mindeststandards wirklich erreicht hat, eine Zentralfrage ist. Herr Tenorth hat gesagt, was Mindeststandards sind, sei eine Frage der gesellschaftlichen Konvention. Das befriedigt mich nicht, weil zu fragen ist, welche Konventionen wir denn akzeptieren. Welche sollen wir denn akzeptieren, welche sind haltbar? Hat das nichts zu tun mit Bildern von Menschen? Oder, um an dieser Stelle noch einmal die Denkschrift einzuspielen: mit „Maßen des Menschlichen", von denen wir ausgehen? Und das tun wir nicht beliebig und willkürlich, sondern mit ausweisbaren und damit aber auch bestreitbaren Gründen. Ich wünsche mir eine Bildungspolitik, die vor diesen Fragen, die kontrovers sind, nicht zurückscheut.

Zweitens: Werte – im Titel dieser Veranstaltung deutlich ausgedrückt. Bischof Huber hat davon gesprochen, dass Werte eine Herkunft, eine Grundlage, einen Ursprung haben und dass sie nur dann tragfähig und wirksam werden können, wenn sie nicht einfach als Container, als black box, behandelt werden, sondern zusammen mit ihrem Wurzelgrund und ihrer Genese gesehen werden. Wiederum heißt dies: Werte haben Grundlagen, die ausweisbar und damit auch bestreitbar, kontrovers sind. Und wieder wünsche ich mir an dieser Stelle eine Bildungspolitik, die vor diesen kontroversen Fragen nicht zurückscheut, weil dies bedeuten würde, dass Orientierungsfragen, Wertfragen, zunehmend privatisiert und als nicht mehr kommunizierbar behandelt werden.

Drittens: Was mich als Religionspädagogen stark bewegt, ist die Frage, was mit dem passiert, was nicht durch die Standards – jetzt für die Kernfächer durch die Kultusministerkonferenz vereinbart – erfasst wird. Religiöse Bildung, Werteerziehung, was passiert damit? Was passiert mit diesen nicht standardisierten Bereichen? Ich bin in dieser Frage sehr gespalten. In England gibt es seit zehn Jahren Standards für Religionsunterricht. Einerseits hat man damit erreicht, dass dieser Bereich nicht entwertet wird und dass er ähnlich ernst genommen wird – nur ähnlich, nicht gleich – wie die anderen Fächer. Das ist sicher der Erfolg. Auf der anderen Seite mehren sich die Stimmen dort, die sagen: Die Standards für den Religionsunterricht haben in eine neue Gefangenschaft – captivitas – geführt, weil das Proprium dieses Faches nicht mit Standards einzufangen ist. Zwischen diesen beiden Polen besteht im Moment die Spannung. Und ich denke, es wäre sehr wichtig, auch für die Bildungspolitik, hier weder in die eine noch in die andere Richtung zu gehen, sondern mit größter Sorgfalt zu beachten und zu beobachten, welche nicht gewollten Nebenfolgen die Einführung nationaler Bildungsstandards haben könnte. Eine reflexive Begleitung der eigenen bildungspolitischen Maßnahmen würde für mich dazu gehören.

Wolf-Michael Catenhusen: Ich kann als Staatssekretär, der auf Bundesebene Verantwortung trägt, zu vielen Fragen nur meine persönliche Meinung sagen und nicht eine Regierungsposition vertreten; Sie kennen ja die deutsche Verfassung. Wir haben aber in der Kultusministerkonferenz derzeit eine gute pragmatische Zusammenarbeit, wenn Sie daran denken, dass wir uns zum Beispiel auf eine gemeinsame Bildungsberichterstattung für das deutsche Bildungssystem verständigt haben.

Zur Sache: Es ist keine Frage, dass der Versuch, über Bildungsstandards und über internationale Bildungsberichterstattung Bildungserfolge darzustellen, nur eine ausschnitthafte Wiedergabe dessen ermöglicht, was Bildungsprozesse und Bildungserfolge sind. Wir dürfen in Deutschland nicht dem Fehler verfallen zu glauben, dass die Entwicklung von Kompetenzmodellen und Bildungsstandards die anderen Fragen ausschließt. Denn es geht dabei, so sagt PISA, um Kompetenzen, die in modernen Gesellschaften für eine befriedigende Lebensführung in persönlicher und wirtschaftlicher Hinsicht sowie für eine aktive Teilnahme an gesellschaftlichem Leben notwendig sind. Das heißt, Kompetenzanforderungen sind auf jeden Fall erweiterbar über kognitive Wissensinhalte hinaus und sie können auch etwa Verfügungswissen mit Orientierungswissen verknüpfen. Es kommt auf die Gesellschaft an, in welchem Ausmaß dieses Instrument, mit dem jetzt ausschnitthaft begonnen worden ist, mit entsprechenden methodischen Veränderungen für ein umfassendes Bildungsverständnis und für eine Bildungspolitik, die der Mehrdimensionalität des Bildungsauftrags gerecht wird, nutzbar gemacht wird.

Diese Verknüpfung von Verfügungswissen und Orientierungswissen hat auch in der Erwartung vieler junger Menschen zu Bildung und Berufsvorbereitung heute eine elementare Bedeutung. Nicht nur im Sinne von Wissen, sondern auch etwa von sozialer Kompetenz, also einer umfassenden Bildung, weil heute die Lebensperspektiven junger Menschen viel dramatischer als noch vor 30, 40 Jahren von ihrer Bildungskarriere abhängig sind. Wer früher ein Abitur hatte, der musste sich eigentlich um den Rest seines Lebens nicht mehr so richtig Sorgen machen. Heute entscheiden Bildungskarrieren sehr viel stärker als früher auch über die Teilhabe an gesellschaftlichen Prozessen, also auch über Lebenschancen. Den Erwerb sozialer Kompetenz als Anforderung an Bildungsprozesse und Lernergebnisse zu formulieren ist daher kein Widerspruch, denn die Wirtschaft verlangt nicht mehr nur Wissen von jungen Menschen, sondern immer mehr Lernkompetenz, Teamkompetenz und viele andere Dinge, die wir mit unserer Forderung nach sozialem Lernen verbinden.

So ist der Streit über die Wissensgesellschaft auch gar nicht so kontrovers. Denn es ist keine Frage, dass Bildung den Auftrag hat, Wissen dem Denken zu unterwerfen, Wissen zu Bildung zu veredeln. Die Wissensfülle zwingt uns gerade dazu, diese Fähigkeiten zu erweitern. Aber einen stabilen Bildungskanon zu formulieren, fällt mir in der Physik schon nicht mehr ganz so leicht und in den übrigen Naturwissenschaften auch nicht. Die müssten wir dann erst einmal streichen aus der Kanonbildung. Denn ob es nun die moderne Biologie oder die umstürzenden Weltbilder der Physik sind: Das Wissen unserer Großeltern ist in vielen Bereichen nicht mehr das, was heute noch zielführend ist. Und wenn wir über die Wirklichkeit unserer Wirtschaft reden, gilt das noch mehr.

Herr Olbertz hat, glaube ich, über das gesprochen, was im engeren Sinne kulturelle Identität eines Landes ist. Aber wir müssen uns darüber im Klaren sein, dass die anderen Bereiche Teil dessen sind, was Menschen zur Orientierung und zum Umgang mit Gesellschaft auch brauchen. Deshalb lässt sich das nicht gegeneinander ausspielen, sondern höchstens einklagen, dass wir diese Mehrdimensionalität nicht verlieren. Die Aufgaben der Bildungspolitik sind viel größer als früher – etwa wenn es um Bildungsprozesse junger Menschen, vor allem Kindern bis zum zehnten Lebensjahr, geht. Dies ist eine Schlüsselfrage für die Bildungsfähigkeit unserer Gesellschaft. Unsere Gesellschaft lässt jungen Menschen nicht mehr so viel Zeit, und es ist offenkundig, dass unser Bildungssystem auch nicht optimal funktioniert. Wenn man den Umgang mit Bildungsstandards so beschreibt, dass ein junger Mensch Zeit haben soll, selbst zu bestimmen, wann er die Bildungsstandards erreicht, dann bin ich da etwas altmodisch und skeptisch. Denn natürlich kann man aus dem Bildungsgang und der Entwicklungsperspektive von jungen Menschen auch gewisse Erwartungen, Regelstandards formulieren. Mit der entscheidenden Voraussetzung, dass man durch eine individuelle Förderung diejenigen, die Schwierigkeiten haben, besonders fördert, und diejenigen, die weiter greifen können, unbefangen so weit trägt, wie sie wollen und wie sie können. Das heißt, dass die Bildungsstandards weder nach unten noch nach oben Bremsen darstellen sollen. Wir haben in Deutschland immer die gefährliche Tendenz, wenn ein Standard definiert ist, dass sich alle entspannen und sagen, wer das erreicht, der hat Schule geleistet. Und ich glaube, so sind Bildungsstandards im internationalen Kontext nicht zu verstehen. Ich möchte an dieser Stelle einmal die Kultusministerkonferenz in Schutz nehmen.

Das Entscheidende an der Formulierung von Bildungsstandards ist es zu bedenken, wie wir im pädagogischen Prozess, im Unterricht, mit diesen umgehen – welche Auswirkungen sie etwa im Vergleich zur klassischen Richtlinienkultur oder Lehrplankultur haben. Das ist noch gar nicht bewältigt. Also sehe ich in diesem ersten Schritt einen mutigen Schritt; einen Einstieg in einen Prozess, der eine Veränderung, eine Modernisierung von Lernkultur, bringt. Und ich hoffe, dies wird dann auch bindend und übergreifend danach ausgerichtet, was denn die beste Praxis im Sinne von Output, im Sinne von Lernergebnissen bei jungen Menschen ist.

Interessant ist auch die von den Kultusministern aufgeworfene Frage, wie wir in der Lehrerbildung mit der kulturellen Rückkopplung von Erziehung umgehen, vor allem in solchen Bundesländern, die einen hohen Anteil an Migranten haben. Der Europarat ist längst dabei, sich mit der Frage der Werteerziehung als kultureller Aufgabe in Europa zu beschäftigen. Das Defizit wird also gesehen, und nun müssen wir schauen, dass wir die Werteorientierung nicht „arbeitsteilig“ organisieren – arbeitsteilig in dem Sinne, dass die Kirchen ihre Werte – hoffentlich interkonfessionell gemeinsam – an die Gesellschaft herantragen. Sondern vielmehr so, dass gerade die großen demokratischen Kräfte, die diese Demokratie tragen, selbst ihre Werteerwartungen in die Bildungspolitik oder in die Bildungspraxis einbringen. Das ist eine Bringschuld, die man in den letzten 10, 15 Jahren glaubte vernachlässigen zu können.

Wolfgang Huber: Ich möchte an Herrn Catenhusen anschließen und ausdrücklich betonen, dass wir auch im Bereich der Bildungsverantwortung als Kirchen herausgefordert sind, ökumenisch so viel zusammen zu tun, wie wir zusammen tun können. Und das gilt nicht nur für diejenigen, die bildungspolitisch durch die Berliner Verhältnisse ein bisschen gebeutelt sind. Nur wenn die Kirchen ein gutes Stück weit gemeinsame Zielsetzungen bei unterschiedlichen Akzenten haben, werden sie ihre Verantwortung im öffentlichen Bildungswesen wahrnehmen und in die Zukunft hinein entwickeln können.

Ich nehme auch in vergleichbarer Weise einen Wandel der Diskussionslage wahr, wie Herr Catenhusen das ganz deutlich akzentuiert hat. Für mich verbindet sich das atmosphärisch mit der Erfahrung des 11. September 2001, ohne dass die Verknüpfungen dabei ausschließlich rational sind. In unserer Gesellschaft muss das Verhältnis zwischen gesellschaftlicher Pluralität und gemeinsamer Wertebasis neu austariert werden. Und ich glaube, wir haben die Konsequenzen für den Bildungsbereich daraus noch nicht zureichend gezogen; auch in institutioneller Hinsicht nicht. Ich spiele damit auf die Lage des Religionsunterrichts in Berlin an, wo man inzwischen nur noch schwer verstehen kann, dass noch immer keinerlei Konsequenzen gezogen werden.

Aber das Interessantere ist ja die inhaltliche Frage, die sich so zuspitzen lässt: Welche Verantwortung im Blick auf diese gemeinsame Wertebasis hat der Staat und welche Verantwortung haben die Kirchen und andere Träger? Wir sollten dabei auch die öffentliche Schule nicht als einen staatlichen Herrschaftsbereich ansehen, sondern wirklich als öffentliche Schule, also als denjenigen Ort, an dem unter der Verantwortung, der Obhut, auch der Aufsicht des Staates Klärungen erfolgen, die für die heranwachsende Generation wichtig sind. Aber das verbindet sich nicht mit dem Anspruch, dass der Staat seinerseits deswegen alles definiert, was dort zu geschehen hat. „Was Werte sind, bestimmen wir" – das kann nicht der Sinn einer staatlichen Schule sein. Vielmehr gewinnt an dieser Stelle auf bildungspolitischem Feld praktische Bedeutung, was Ernst-Wolfgang Böckenförde schon vor Jahrzehnten gesagt hat – nämlich dass das freiheitlich-demokratische Gemeinwesen von Voraussetzungen lebt und auf Voraussetzungen aufbaut, die es selber weder zu erzeugen noch zu garantieren vermag. Diesen Prozess erleben wir im Augenblick im Blick auf die Frage, wie es um die Wertebasis steht. Dabei ist mit Blick auf die notwendige Balance zweierlei gleichzeitig notwendig. Einerseits müssen diejenigen Beiträge aus der christlich-jüdischen Tradition artikuliert und akzentuiert werden, die im Blick auf eine solche Wertebasis geklärt und eingebracht werden müssen. Und andererseits muss dies in einer Form geschehen, in der die Beheimatung im Eigenen und die Wahrnehmungsfähigkeit für das Fremde zugleich gestärkt werden.

In der einen wie in der anderen Hinsicht gilt ein Satz, an den ich denken musste, als Herr Olbertz das schöne Beispiel mit den Kranichen entwickelte. Mir ist dabei eingefallen, dass ein junger Student einen Besuch bei dem Romanisten Ernst Robert Curtius machte und sagte: „Ich habe eine Reise nach Rom geschenkt bekommen und wollte Sie, als einen bedeutenden Gelehrten, fragen, worauf ich da achten muss." Der bedeutende Gelehrte, weil der junge Mann irgendwie mit ihm persönlich vertraut war oder der Vater ihn geschickt hatte und er ihm eine

Stunde widmen musste, erklärte ihm einiges. Dann ging der junge Mann wieder. Plötzlich springt der ältere Herr die Treppe hinunter hinter ihm her, reißt die Haustür noch einmal auf und ruft ihm nach: „Und, junger Mann, vergessen Sie nie, man sieht nur, was man weiß!" Noch einmal, viel später, habe ich gelernt, dass man, um diesen Satz zu verstehen, wissen muss, dass er schon bei Theodor Fontane steht und nicht erst von Ernst Robert Curtius stammt.

Und so will ich nur unterstreichen: Für die Wahrnehmung des Fremden genügt es eben nicht zu sagen, im Bedarfsfall kannst du es ja nachlesen. Wenn wir nicht Wahrnehmungskategorien bereit haben, werden wir auch nicht richtig nachlesen. Insofern ist das, was man gegenwärtig ohne große Übertreibungen religiösen Analphabetismus nennen kann, tatsächlich ein bedrohliches Phänomen.

Es ist übrigens nicht vor allem ein Problem der heutigen Jugendlichen. In den Bereichen, in denen ich mich zu bewegen habe, ist das noch viel massiver ein Problem der Elterngeneration. Auch dafür eine kleine anschauliche Illustration: Pfingstausflug einer Familie ins Kloster Chorin nördlich von Berlin. Zunächst schauen sie die Ruine an, das ist nicht weiter gefährlich und beunruhigend. Aber dann ist da auch ein Kirchenraum, der noch in Betrieb ist: ein evangelischer Gottesdienstraum innerhalb des Klosters Chorin. Vater und Tochter stehen da und der Vater schaut auf das Antependium und sagt: „Was soll denn der Vogel da?" Die Tochter antwortet: „Das ist kein Vogel, das ist eine Taube" – die Logik dieses Satzes lasse ich einmal auf sich beruhen. Und sie fügt hinzu: „Und diese Taube ist da wegen des Heiligen Geistes." Die Tochter hat es gewusst. Trotz aller Widrigkeiten hatte sie offenbar Religionsunterricht; der Vater aber hatte ihn eben nicht gehabt. Das muss man sich immer klar machen, um die eigentlich dramatische Aufgabe von religiöser Alphabetisierung vor Augen zu haben. Alphabetisierung ist noch ein bisschen schwerer, wenn die Eltern Analphabeten sind. Ohne dass ich irgendjemandem zu nahe treten will, muss ich die gegenwärtige Situation in weiten Teilen der neuen Bundesländer so beschreiben. Umso sorgsamer sollten wir mit denjenigen kulturellen Quellen umgehen, auf die wir auch heute und morgen angewiesen sind, wenn das zustande kommen soll, was wir jetzt so eindringlich fordern: eine Verständigung über die gemeinsame Wertebasis angesichts von Pluralität.

Marcus Götz-Guerlin: Es ist häufig von der Überforderung der Schule und den Grenzen ihres Aufgabenbereiches die Rede. Das gilt besonders für das, was wir heute als Orientierungswissen und als Bildung auf Orientierung hin zu beschreiben versucht haben. Ich frage also, welche bildungspolitischen Rahmenbedingungen in Zukunft notwendig sind, damit die Schule auch ihrer orientierenden Aufgabe nachkommen kann? Dies im Bewusstsein, dass sie das offensichtlich nicht alleine und ohne andere gesellschaftliche Kräfte, wie die Wirtschaft beispielsweise, wie aber auch die Träger von Religion und Weltanschauung und anderen Kräften in der Gesellschaft leisten kann. Welchen Rahmen muss die Bildungspolitik hier setzen?

Daran schließt sich die Frage nach dem Verhältnis von Universalität und Pluralität an. Ist Orientierungswissen (a) der Versuch, eine Universalität neu zu konstruieren und jenseits von fragmentiertem Wissen zu erzeugen? Ist Orientierungswissen und der Versuch der Bildung in diese Richtung somit auch die Reduktion von Komplexität? Oder ist es (b) ein neu zu definierender Umgang mit Pluralität, der meint, dass Pluralität gelebt und ausgehalten wird, und die Fähigkeit beinhaltet, sich darin zu orientieren?

Eckart Liebau: Als bildungspolitische Rahmenbedingungen sind zwei Dinge nötig: Erstens – das ist bereits im Gange – eine Verlagerung von Orientierungsaufgaben und auch von Entscheidungsbefugnissen auf die Schulen selbst. Ein Blick auf den Kompetenzbegriff ist da sehr hilfreich, weil er nämlich eine Doppeldeutigkeit besitzt, die möglicherweise verloren geht: Kompetenz entwickelt sich genau dort, wo Kompetenz ist und verlangt wird. Nämlich dort, wo es Befugnisse gibt und nicht nur Fähigkeiten. Fähigkeiten und Befugnisse sind aufeinander bezogen. Ich glaube, das ist für die Schulentwicklung ein ganz wichtiger Punkt, gerade auch, wenn es um Fragen von Orientierungen geht. Wir werden im Bereich der staatlichen Schulen nicht erwarten können, dass sich dort einheitliche Weltbilder entwickeln. Das sollten wir auch nicht erwarten. Aber wir sollten Räume erwarten, in denen der Streit über Weltbilder möglich ist und dann auch ausgehalten werden kann. Natürlich auf der Basis dessen, was das Grundgesetz vorgibt und auch auf der Basis der Traditionen, in denen wir uns bewegen. Aber bislang ist das in unserer Debatte noch nicht vorgekommen: Dies muss im Wissen um die Frage der Transkulturalität, nicht mehr nur der Multikulturalität, geschehen. Es ist eben nicht mehr so klar, was das Eigene ist. Das war mal klar. Es ist nicht mehr so klar, sondern wir haben inzwischen mehrere Generationen, in welchen sich Verschiedenstes ineinander verwickelt und miteinander verbindet. Da gibt es nicht mehr nur die drei Kulturen, die irgendwie aufeinander stoßen, sondern alle möglichen Mischverhältnisse mit einer starken Tendenz zur Individualisierung. Ich glaube, das ist sehr wichtig, das muss man einbeziehen.

Ein zweiter Punkt bezieht sich auf die Frage „Orientierungswissen – Universalität oder Pluralität?“ Man kann das nicht als Alternative darstellen, sondern man braucht selbstverständlich eine Grundlage, auf der man sich einigen kann, und diese Grundlage muss notwendigerweise sehr abstrakt sein. Wir müssen uns darin einig sein, dass etwa die Frage der Menschenwürde nicht zur Disposition steht, und dass daraus Konsequenzen folgen. Aber wir müssen gleichzeitig damit umgehen, dass die reale Lebenspraxis nicht mehr durch geteilte Erfahrungen und geteilte gemeinsame Verhaltensweisen reguliert werden kann. Deswegen braucht man Vereinbarungen in größerem Maße, als man sie früher brauchte. Vereinbarungen über Regeln, Routinen, Rituale und so weiter. Die Vereinbarungen sind nicht mehr aus der puren Selbstverständlichkeit einer Kultur zu gewinnen.

Friedrich Schweitzer: Ich schließe gerne an dieser Stelle an. Es wurde mehrfach jetzt, auch in der letzten Runde, nach der Wertebasis gefragt. Ich halte diese Frage ebenfalls für wichtig, glaube aber nicht, dass wir sie in der Alternative von Universalität oder Pluralität lösen können. Das war gleichsam die Versprechung der modernen Schule von der Zeit nach 1800: durch den Rückgriff auf universelle Normen eine solche Wertebasis zu finden und durch Bildung in diese universell bestimmten Normen und Werte auch einzuführen.

Es hat sich gezeigt, dass die Universalität vieler Normen so unbedingt nicht in Anspruch zu nehmen ist. Und dass die Pluralität „unhintergehbar“ ist, ist zu einer Grunderfahrung geworden. Ich kann mir eine Wertebasis nur noch so vorstellen, dass wir gleichzeitig mit einem bleibenden Pluralismus rechnen, aber den gerade nicht als einen endgültigen Hinderungsgrund für Übereinkünfte namentlich im Bereich der Erziehung stehen lassen, sondern als Anlass zu immer wieder neuen Verständigungsprozessen, die dann partiell sein mögen, die beweglich bleiben mögen, aber die doch immerhin ein Stück weit tragfähig sind.

Um an Eckart Liebau anzuschließen: Wenn dieser Verständigungsprozess auf die einzelne Schule bezogen wird, dann haben wir sicher noch nicht das Maß ausgelotet, in dem hier wirklich Verständigungen über kulturelle und religiöse Grenzen hinweg möglich sind. Es ist dann keine allgemein gültige Verständigung, aber doch immerhin eine solche, die für diesen Ort gilt und für diesen Zusammenhang Perspektiven entstehen lässt, die ermutigen. Deshalb kann man mit einem höheren Maß an Pluralität trotzdem so etwas wie eine Wertebasis haben. Es wird sicher auch in Zukunft einen engeren Bereich des Universellen geben, das will ich damit gar nicht ausschließen, aber er ist nicht so breit, dass man darauf den Alltag beispielsweise einer Schule wirklich bauen könnte.

Damit verbindet sich noch eine Bemerkung zur ersten Frage: Was braucht die Schule? Bei dieser Tagung kam es mir manchmal so vor, als schwankten wir zwischen den Extremen von Allmacht und Ohnmacht. Oder auch den Extremen einer Schule, die etwas tut, was sie nicht darf, und einer Schule, die deshalb lieber nichts mehr tut. Ich bin auch der Meinung, dass Schule nicht einfach Identität bilden darf. Das wäre schrecklich. Es wäre nicht nur pädagogisch schrecklich, sondern auch theologisch, wenn Schule einfach eine religiöse Identität bilden wollte. „Bilden" hier transitiv zu verstehen, geht ohnehin nicht. Aber daraus darf man nun auch umgekehrt nicht folgern, Schule wäre dann am besten, wenn sie für Identitätsbildung gar nichts tut. Das sind die beiden Extreme. Der Weg liegt bei sorgfältiger Beachtung pädagogischer und theologischer Grenzen dazwischen.

Marcus Götz-Guerlin: Ich möchte, bevor ich an Herrn Staatssekretär Catenhusen weitergebe, die Frage nach der Bildungspolitik zuspitzen: Die Debatte und die Entwicklung im Bereich der Ganztagsgrundschule zeigen, dass einige Schulen sich öffnen und auch mit anderen gesellschaftlichen Akteuren vernetzen. Andere hingegen üben eher den verstärkten Selbstbezug. Was wäre also hier noch an Rahmen zu schaffen, damit die neue Freiheit der Schule nicht zur Geschlossenheit in sich selber genutzt wird?

Wolf-Michael Catenhusen: Wenn es um die Erwartungen an Schule geht, sollte man zwei Dinge miteinander bedenken: Unverzichtbar ist, dass die Schule das Beherrschen der grundlegenden Kulturtechniken vermittelt, die Basis für jede Form von Bildungsprozess sind und bleiben. Das Zweite ist: Wenn ich dem Bildungsgang einen solchen Rahmen geben will, dass ein Mensch in seinem unmittelbaren Umfeld die Kompetenz entwickelt, die in seinem persönlichen Entwicklungsgang möglich und sinnvoll sind, dann ist die Stärkung der Eigenverantwortung der Schule, eine Stärkung der Schule als Lern- und Lebensraum, eine strategische Aufgabe.

Die Frage, die Sie jetzt angesprochen haben, ist natürlich die nach pädagogischen Konzepten. Wir nehmen im Moment formale Organisationsveränderungen vor und fragen uns, ob die Kraft ausreicht, das mit den Veränderungen der Rahmenbedingungen intendierte pädagogische Potential für eine kreative Weiterentwicklung des Schulprofils, des Schulprogramms, auch wirklich zu realisieren. Der Bund gibt zur Zeit Geld für Ganztagsschulen, darf aber pädagogische Konzepte nicht vorgeben. Was der Bund verlangt, ist die Existenz eines pädagogischen Konzeptes. Und ich frage mich zuweilen, warum das mit den pädagogischen Konzepten so schwierig ist. Ich war neulich bei einer Tagung der Bundesvereinigung Ganztagsschulen. Es gibt in Deutschland eine dreistellige Zahl von fantastischen Ganztagsschulen. Man muss nicht ins Ausland reisen, um gute und sehr engagierte Modellbeispiele für Ganztagsschulen zu finden. Die Bereitschaft, sich mit der best practice im eigenen Land auseinander zu setzen, könnte viel helfen und viel Kraft freisetzen.

Zur Frage der Werteorientierung: Ich denke, die Schule kann keinen neuen, universell gültigen Wertekatalog produzieren. Aber sie muss möglich machen, dass junge Menschen im Lernprozess selbst die Chance haben, Wertehaltungen zu reflektieren, in wertebezogenen Fragen Antworten zu geben und damit ihren eigenen Standpunkt zu beziehen. Ich denke, dass dazu natürlich die Frage nach dem Zusammenleben und dem Zusammenhalt unserer Gesellschaft gehört. Wie werden in unserer Demokratie Regeln des gemeinsamen Zusammenlebens gefunden? Wie stark ist Werteorientierung darauf orientiert, Konsensprozesse für gemeinsame Grundlagen des Zusammenlebens zu stärken und zu stabilisieren? Denn weltanschaulicher Pluralismus funktioniert in der Demokratie nur, wenn er auf der Basis eines gewissen Grundkataloges, nämlich der Regel und Form menschlichen Zusammenlebens passiert. Und diese Grundregeln menschlichen Zusammenlebens, die müssen vielleicht in anderer Weise als bisher – da bin ich nicht so radikal wie Herr Olbertz – definiert werden. Da muss man sagen, es gibt bestimmte verbindliche Grundregeln des menschlichen Zusammenlebens. Wir müssen die Kraft haben, den Lebensraum der jungen Menschen mit diesen Regeln so zu gestalten, dass die Grundlagen des Zusammenlebens in einer demokratischen Gesellschaft dort auch eingehalten werden.

Marcus Götz-Guerlin: Ich möchte Sie im Publikum nun ermutigen, Ihre Fragen zu stellen.

Ingeborg Berggreen-Merkel: Ich bin Juristin im bayerischen Kultusministerium. Aus der Sicht der Kultusverwaltungen sind die Bildungsstandards ein Korrelat. Wenn man die Schulen in eigene Verantwortung entlässt und wenn man die Lehrpläne entschlackt, dann muss hinterher etwas da sein, woran man die Schule messen kann. Die Schule wohl gemerkt, nicht den einzelnen Schüler! In Bayern wird zur Zeit die Schulzeit an Gymnasien von neun auf acht Jahre verkürzt. Das heißt, der Lehrplan muss dünner werden. Die Frage ist also: Was müssen wir in Deutschland wissen? In einigem sind sich alle einig: Lesen, Schreiben, Sprachen. Aber was denn darüber hinaus? Das ist fraglich und bleibt eine Frage. Einen Bildungskern, dem alle zustimmen können, richtig zu justieren, wird schwierig sein.

Bischof Huber hat es vorhin erwähnt: Wir sehen uns einer neuen Dimension der Werteproblematik gegenüber. Zur Zeit führen wir die Diskussion über das Kopftuch von Lehrerinnen – dahinter steht die Frage, wie wir mit dem Islam umgehen. Wir haben unsere Werteerziehung auf christlicher Basis – in Bayern ganz besonders – in den einzelnen Fächern und im Religionsunterricht. Wir werden uns auf Dauer nicht der Frage entziehen können, ob wir in den Schulen einen Weg gehen, der von einer positiven, offenen, auf christlicher Basis arbeitenden Neutralität geprägt ist, oder den Weg hin zu einer Laizität.

Gretel Voigt: Ich bin Beauftragte für evangelischen Religionsunterricht in Berlin-Pankow und habe eine kurze Frage: Wie kriegen wir die schönen Dinge, die wir heute alle besprochen haben und die wir ja alle zunehmend richtig finden, wie kriegen wir die in die Köpfe der Berliner Politiker?

Karl Ernst Nipkow: Das Thema des Podiums war nicht Bildung, sondern primär Bildungspolitik. Da habe ich die Dinge nicht so gehört, wie ich sie hier erwartet habe. Wenn wir über Bildungspolitik reden, dann müssen auch politische Kategorien, insbesondere gesellschafts- und kulturpolitische, behandelt werden. Eben solche, die das Verhältnis zu einer Fremdreligion, die Nachbarschaftsreligion geworden ist, betreffen. Ich möchte aber nicht dazu Stellung nehmen, sondern etwas anderes anmerken:

Zu der mit Recht betonten neueren, größeren Freiheit der Einzelschule im Sinne der „relativen Teilautonomie", wie es im Gutachten in Nordrhein-Westfalen heißt, gehört auch die weiterführende Frage, wie viel Staat das Schulwesen überhaupt braucht. Müsste es nicht auch einen größeren Anteil an Schulen in freier Trägerschaft geben? Das ist wirklich eine bildungspolitische Rahmenfrage erster Ordnung, und wir sind offenbar so im Banne einer staatlich beherrschten, staatlichen Schule, dass wir staatlich mit öffentlich gleichsetzen. Wir müssen daran erinnern, dass sowohl die staatlichen wie die Schulen in freier Trägerschaft zusammen das öffentliche Schulwesen bilden. Schulen in freier Trägerschaft sind öffentliche Schulen. Und dann stellt sich das Problem von Wissen, Werten und Handeln, von Wissen, Schulkulturen und Wertekulturen völlig neu. Die staatlichen Schulen könnten dann von den sehr interessanten Profilen evangelischer und katholischer und anderer Schulen in freier Trägerschaft lernen. Es wäre schade, wenn dieser große Bereich der Schulen heute in Vergessenheit geriete. Dass sie in unterschiedlichen Bundesländern ein unterschiedliches Ansehen haben, will ich nicht verschweigen, aber das gehört eben auch zu unserer Vielfalt.

Eckart Liebau: Ich glaube, wir müssen aufhören, nur über die Schule zu reden, wenn wir über das Bildungswesen reden. Und zwar gerade unter dem Aspekt der Öffentlichkeit, die Herr Nipkow eben angemahnt hat. Wir müssen über die verschiedenen Bildungsorte in der Gesellschaft reden – auch in ihrem Zusammenhang. Wir haben ein Bildungswesen, das aus einer Fülle von Institutionen und einer Fülle von Einrichtungen besteht, die aber überhaupt nicht aufeinander bezogen sind oder die nur sehr begrenzt aufeinander bezogen sind und nur sehr begrenzt miteinander vernetzt sind. Ich nenne nur das Beispiel der Jugendarbeit mit ihren verschiedenen Trägern. Das ist auch ein Teil des Bildungswesens. Oder die betriebliche Ausbildung, auch diese ist ein Teil des Bildungswesens. Ich glaube, wir sollten versuchen, sehr viel stärker die Region, die Stadt, den Stadtteil als einen Bildungszusammenhang zu konzipieren und von da aus zu überlegen, welchen Beitrag die jeweilige Institution zur Bildung leisten kann. Und dann versuchen, das miteinander zu vernetzen. Das wäre eine sehr hilfreiche und wichtige Perspektive.

Friedrich Schweitzer: Ich würde mit Eckart Liebau übereinstimmen und sagen: Die Schulen und auch die evangelischen Schulen sind nicht das einzige Thema, sondern das Weitergreifende ist die anstehende Debatte um die religiösen und weltanschaulichen sowie ethischen Bezüge und Grundlagen unseres Bildungswesens insgesamt. Das beginnt ganz sicher mit den Kindergarteneinrichtungen und all dem, was im Elementarbereich zu sagen ist, und geht dann das ganze Leben lang. Ganz offenbar stehen wir am Anfang einer neuen Diskussion und Klärung, die sicher auch im Unterschied zu früheren Runden nicht nur eine rein deutsche, etwa zwischen Bund und Ländern, sein kann, sondern auf europäischer Ebene zu führen ist. Dafür ist diese heutige Tagung für mich ein wichtiges Anzeichen und ich denke, einige der Fragen, die auch Herr Götz-Guerlin am Ende noch einmal gestellt hat, wären wichtige Themen. Das Verhältnis von Universalität und Pluralität mit seinen religiösen Bezügen einmal im Blick auf das gesamte Bildungswesen aufzunehmen, das steht sicher eben so dringend an, wie die Frage von konkreten weiteren bildungspolitischen Schritten.

Wolf-Michael Catenhusen: Zwei Bemerkungen: Es ist eines der Probleme der Schule, dass ihre Relevanz als Lernort im Vergleich zu den Bildungskarrieren von vor zwei oder drei Generationen abgenommen hat. Wir sind daher heute gut beraten, uns den verschiedenen Lernorten im Prozess des lebenslangen Lernens umfassend zuzuwenden. Die spannende Frage ist, wie es besser gelingt, diese verschiedenen Lernorte in ihrer Funktion und in ihren Potentialen miteinander zu verknüpfen. Da ist noch viel Potential in unserem Bildungssystem, das zu wenig genutzt wird. Anders als in manchen anderen Ländern Westeuropas.

Das Zweite: Die Bildungsminister der Europäischen Union waren sich bei den GATS-Verhandlungen darüber einig, dass Europa an einem primär öffentlich verantworteten Bildungssystem, übrigens auch Hochschulsystem, festhalten muss. Das heißt ja nicht, dass es keinen Platz für andere gibt, aber die Frage ist, welches die strukturelle Basis für unser Bildungssystem bildet. Oder sollen wir der Pluralisierung von Werten und der Separation von Gruppen auch entsprechende Prozesse der Separation in unserem Bildungssystem folgen lassen? Es gibt Bildungssysteme, wo das private Schulsystem sich vor allem darin unterscheidet, dass es Auswahlkriterien nach sozialer Herkunft, nach Einkommen und so weiter besitzt. Da bin ich der Meinung, muss man wissen, was man will. Unsere Frage ist aber die, ob die Bildungseinrichtungen privater Träger als Bestandteil des öffentlichen Bildungssystems kreativ genug sind und ob sie auf Grund des zahlenmäßigen Volumens ihre Wirkung als Hefe im Teig der Bildungsentwicklung entfalten. Am Beispiel des Kindergartens fällt mir auf: In dem Moment, wo es Finanzprobleme gibt, ist die Frage der Trägerschaft auf einmal nicht mehr die Schlüsselfrage. „Freie Trägerschaft" ist im Grund oft nur noch ein bestimmtes Finanzierungsmodell. Wer Schulen in freier Trägerschaft ausbauen möchte, muss über neue Finanzierungsmodelle des Privatschulsystems nachdenken. Mit dem bewährten Modell der Integration in das öffentliche Bildungssystem werden sich andere Quoten nicht erreichen lassen. Mir persönlich ist, auch als evangelischer Christ, die strukturprägende Kraft eines öffentlichen Bildungssystems, das dem umfassenden demokratischen Auftrag zu Bildung und den Grundwerten unserer Verfassung verpflichtet ist, ein sehr hohes Gut. Und ich sehe Bildungssysteme anderer Länder außerhalb Europas, wo man sehr schnell weiß, warum wir hier einen unschätzbaren Vorteil haben.

Marcus Götz-Guerlin: Wir haben es heute im Laufe des Tages vermieden, zwischen Werten und Tugenden scharf zu unterscheiden. Das gibt mir zum Schluss die Möglichkeit, die Pünktlichkeit auch einmal zu den Werten zu zählen. Im Bezug auf den Schluss der Tagung sollen Sie von dieser ein praktisches Lernbeispiel mitnehmen können. Ich übergebe das Wort zum Schluss an Bischof Huber.

Wolfgang Huber: Zuerst möchte ich eine kurze inhaltliche Bemerkung machen, bei der ich nicht weiß, ob es mir eigentlich gelingt, sie zu einer abschließenden Bemerkung werden zu lassen oder zu einer, die gerade noch besonders heftige Kontroversen auslöst:

Bildung und Bildungspolitik sind beliebte Klagemauern der Nation. Vor diesem Hintergrund ist bemerkenswert, dass wir bei diesem Kongress positive Merkmale der gegenwärtigen Diskussionslage identifizieren konnten: Es gibt mehr Aufmerksamkeit für das Bildungsproblem als noch vor kurzer Zeit. Es gibt eine größere Verständigung darüber, dass Bildung sich nicht in Verfügungswissen erschöpfen darf, als man denkt. Das Thema Orientierungswissen hat am heutigen Tage ein relativ großes Interesse gefunden. Trotz Pluralität sieht man ein, dass die Debatte über einen Bildungskanon notwendig ist, auch wenn man weiß, dass dieser Kanon offene Grenzen hat. Man kann mit offenen Grenzen aber umso besser umgehen, je mehr man sieht, dass man sich wenigstens über einen Kern verständigt hat. Ich fand es immer paradox, dass man die Verständigung über den Kern verweigert hat, weil man gesagt hat, dass es offene Grenzen gibt. Hier sehe ich einen wirklichen Fortschritt in der Diskussion. Es ist ein wichtiges Element, dass dabei auch in einer neuen Weise über das Element religiöser Bildung diskutiert wird. Ich sehe aber auch eine bildungspolitisch nicht gelöste Diskrepanz zwischen inhaltlich berechtigten Erwartungen an die Schule und manchen Bedingungen, unter denen Unterrichtende diesen Erwartungen gerecht werden sollen. Deswegen appelliere ich daran, einmal längere Strecken auch in den Mokassins derjenigen zu gehen, die Schule verantworten und gestalten müssen. Das ist nicht immer zum Lachen; und die Tatsache, dass nur wenige der Unterrichtenden ein normales Pensionsalter erreichen, beunruhigt mich nach wie vor.

Auf die Verantwortung von Kirche gemünzt, schließe ich eine zweite Bemerkung an: Als Kirche interessieren wir uns für Schule nicht nur, soweit es um den Religionsunterricht geht. Wir nehmen eine bildungspolitische Verantwortung wahr, die darüber hinaus reicht. Aber der Verantwortung für den Religionsunterricht entziehen wir uns auch nicht. Und wenn diese Verantwortung strittig wahrgenommen werden muss, dann stellen wir uns notgedrungen auch dem Streit – und sei es in dieser spannenden Stadt Berlin.

Wir interessieren uns nicht nur für Schulen in kirchlicher Trägerschaft, wenn wir über Schule reden. Wir akzeptieren – und für mich sage ich: Ich bejahe es auch –, dass diese Schulen eingebettet sind in ein öffentliches Schulwesen, das nicht nur von freien Trägern bestimmt ist. Wenn allerdings hier in der Region 4,5 Prozent der Schülerinnen und Schüler Schulen in freier Trägerschaft besuchen, dann sehe ich die

Befürchtung, dass diese überhand nehmen könnten, nicht als besonders realistisch an. Und dann beschäftigt es mich doch, dass beim Rückgang von Schülerzahlen die Anmeldezahlen an unseren evangelischen Schulen jeweils das Doppelte der tatsächlichen Kapazität übersteigen. Ich wundere mich dann, warum wir es nicht viel leichter haben, zusätzliche Schulen zu gründen, obwohl sie für den Finanzsenator oder die Finanzministerin billiger wären als Schulen in staatlicher Trägerschaft. Insofern glaube ich, dass wir in diesem Feld durchaus in der Richtung dessen, was Herr Nipkow gesagt hat, ein paar Schritte nach vorne gehen könnten, ohne dass wir das Grundprinzip auflösen würden, auf dem der Konsens hinsichtlich des Schulwesens in unserem Lande beruht.

So weit diese knappen inhaltlichen Bemerkungen. Ich schließe einen ganz herzlichen Dank an die Institutionen an, die diesen Kongress ermöglicht haben. An die Referenten dieses Tages und die Moderatoren geht mein sehr herzlicher Dank – es waren konzentrierte Stunden, bei denen ich jeweils dort, wo bei anderen Veranstaltungen der Ruf nach einer Pause erschallt, von diesem Ruf nichts gehört habe. Konzentriert sind wir miteinander zu Gange gewesen; und das bedeutet, dass der Hauptdank an die aufmerksam Zuhörenden und Mitdiskutierenden geht, die diesen Tag gemeinsam gestaltet haben.

Die Autoren

Dr. Norbert Bensel, Mitglied des Vorstandes der Deutschen Bahn AG

Senator Klaus Böger, Senatsverwaltung für Bildung, Jugend und Sport des Landes Berlin

Staatssekretär Wolf-Michael Catenhusen, Bundesministerium für Bildung und Forschung, Berlin

Volker Elsenbast, Direktor des Comenius-Instituts, Münster

Marcus Götz-Guerlin, Studienleiter für Jugend- und Bildungspolitik an der Evangelischen Akademie zu Berlin

Bischof Dr. Wolfgang Huber, Bischof der Evangelischen Kirche in Berlin-Brandenburg-schlesische Oberlausitz und Vorsitzender des Rates der Evangelischen Kirche in Deutschland

Prof. Dr. h.c. Robert Leicht, Journalist; Präsident der Evangelischen Akademie zu Berlin

Prof. Dr. Eckart Liebau, Erziehungswissenschaftler an der Friedrich-Alexander Universität Erlangen-Nürnberg; Mitglied der Kammer für Bildung und Erziehung, Kinder und Jugend der EKD

Prof. Dr. Jan-Hendrik Olbertz, Erziehungswissenschaftler; Kultusminister des Landes Sachsen-Anhalt

Oberkirchenrat Matthias Otte, Referent für Kirche und Schule, besondere Fragen von Bildung und Erziehung im Kirchenamt der EKD

Prof. Dr. Friedrich Schweitzer, Lehrstuhl für Praktische Theologie und Religionspädagogik an der Eberhard Karls Universität Tübingen; Vorsitzender der Kammer für Bildung und Erziehung, Kinder und Jugend der EKD

Prof. Dr. Heinz-Elmar Tenorth, Erziehungswissenschaftler; Vizepräsident für Forschung und Lehre der Humboldt-Universität zu Berlin